Poética
do Romantismo

FUNDAÇÃO EDITORA DA UNESP

Presidente do Conselho Curador
Herman Voorwald

Diretor-Presidente
José Castilho Marques Neto

Editor Executivo
Jézio Hernani Bomfim Gutierre

Assessor Editorial
Antonio Celso Ferreira

Conselho Editorial Acadêmico
Alberto Tsuyoshi Ikeda
Célia Aparecida Ferreira Tolentino
Eda Maria Góes
Elisabeth Criscuolo Urbinati
Ildeberto Muniz de Almeida
Luiz Gonzaga Marchezan
Nilson Ghirardello
Paulo César Corrêa Borges
Sérgio Vicente Motta
Vicente Pleitez

Editores Assistentes
Anderson Nobara
Arlete Zebber
Jorge Pereira Filho

MÁRCIO SCHEEL

Poética do Romantismo
Novalis e o fragmento literário

© 2010 Editora UNESP

Direitos de publicação reservados à:
Fundação Editora da UNESP (FEU)
Praça da Sé, 108
01001-900 – São Paulo – SP
Tel.: (0xx11) 3242-7171
Fax: (0xx11) 3242-7172
www.editoraunesp.com.br
feu@editora.unesp.br

CIP – Brasil. Catalogação na fonte
Sindicato Nacional dos Editores de Livros, RJ

S336p

    Scheel, Márcio
    Poética do romantismo : Novalis e o fragmento literário / Márcio Scheel. – São Paulo : Ed. UNESP, 2010.

    Inclui bibliografia
    ISBN 978-85-393-0024-2

    1. Novalis, 1772-1801. 2. Romantismo - Alemanha - História e crítica. 3. Literatura e filosofia. I. Título.

10-1597   CDD: 809.9145
                                                                 CDU: 82.02

Este livro é publicado pelo projeto Edição de Textos de Docentes e Pós-Graduados da UNESP – Pró-Reitoria de Pós-Graduação da UNESP (PROPG) / Fundação Editora da UNESP (FEU)

Editora afiliada:

AGRADECIMENTOS

Aos meus pais, Oto Carlos Scheel e Rosângela Pereira de Araújo Scheel, que sempre estiveram presentes e, mais do que eu mesmo, nunca deixaram de acreditar.

Aos meus irmãos, Oto Scheel e Alexander Scheel, que, cada um a seu modo, vivenciam a secreta poesia das coisas.

À memória de meu avô Alfredo Helmut Scheel, imigrante alemão que, entre outras muitas coisas, me ensinou o amor e o respeito pela Alemanha, esse lugar desconhecido por mim.

À Wilma Patricia Marzari Dinardo Maas, que me ajudou a atravessar esse universo de absolutas ideias que foi o primeiro romantismo alemão: pelo convívio, pelo aprendizado, pelos conselhos, pela paciência e pela eterna camaradagem intelectual que sempre me dedicou. Alguém a quem, acredito, nem sempre fui capaz de demonstrar minha indizível gratidão.

Aos amigos Flávio Catalano, Francis Márcio Manzoni, Márcio Roberto Prado e Fábio Lucas Pierini – com quem compartilho a paixão pelos livros e pelas ideias – pela amizade, essa palavra-tudo.

À Flávia Regina Marquetti, minha primeira leitora severa, que me acompanha há anos nessa lenta e quase nunca fácil descoberta da escritura.

Ao professor Luiz Costa Lima, que, com respeito e atenção ímpares, indicou-me alguns caminhos a seguir, algumas leituras a conhecer, infinitas possibilidades de compreensão e entendimento, oferecendo uma contribuição teórica e intelectual decisiva quando este livro ainda não era mais do que um simples projeto.

Ao professor Márcio Seligmann-Silva, com quem compartilho o interesse teórico pelas ideias de Novalis e Schlegel, e que me enviou de Yale, Estados Unidos, capítulos inéditos de seu novo livro, ainda no prelo, que se revelaram decisivos para o desenvolvimento final deste livro. Por ter disposto de tão importante material, por ter autorizado a livre utilização deste e pela atenção solícita, meus sinceros agradecimentos.

À professora Guacira Marcondes Machado, que conheci nas aulas da pós-graduação e que, igualmente solícita, localizou e apresentou-me uma série de materiais que iluminou sobremaneira a compreensão da obra crítica e poética de Novalis.

Agradeço ainda ao professor José Pedro Antunes, pelo incentivo que me deu, desde o início da graduação, para continuar escrevendo, pela leitura amigável e severa que fez de boa parte de meus trabalhos, pelos conselhos, as correções, as ideias e sugestões que me apresentou ao longo de todo este trabalho.

Tornar-se humano é uma arte.
Novalis, *Pólen.*

O Pensamento do ser é o modo original do dizer poético. Nele a linguagem acontece como linguagem em sua própria essência. O pensamento diz o ditado (Diktat) da verdade do ser. O pensamento é o dictare original. O pensamento é a poesia original (Urdichtung) que precede toda a poesia e assim o poético da arte, na medida em que esta se torna obra no círculo da linguagem.
Martin Heidegger, *Holzwege.*

As coisas assim a gente mesmo não pega nem abarca. Cabem é no brilho da noite. Aragem do sagrado. Absolutas estrelas.
João Guimarães Rosa, *Grande sertão: veredas*

Estamos em estado permanente de linguagem.
Rodrigo Garcia Lopes, *Nômada.*

Se procurar bem você acaba encontrando:
Não a explicação (duvidosa) da vida,
Mas a poesia (inexplicável) da vida.
Carlos Drummond de Andrade, *Poesia errante.*

SUMÁRIO

Introdução   11

1   Novalis: uma inteligência titânica   27
2   O *Frühromantik* e as novas perspectivas
    literárias, estéticas e filosóficas   37
3   Algumas colocações sobre o fragmento literário   51
4   Os caminhos da *poiesis*: a condenação platônica   81
5   A poesia universal progressiva: uma poética e
    uma crítica em devir   107

Conclusão   153
Referências bibliográficas   163

INTRODUÇÃO

Todo estudante de Letras que se debruça com mais atenção e acuidade sobre o fenômeno literário acaba por vivenciar uma dupla paixão que o movimenta e estimula: de um lado, a literatura mesma, em suas manifestações estéticas, em sua concretização em obras que desafiam o tempo, o gosto, o juízo crítico de sua época e permanecem como fonte inquestionável do gênio e do testemunho humanos; de outro, o próprio conceitual crítico e teórico, que se apresenta na forma de estudos, análises, ensaios, críticas, resenhas. As formas de compreensão dos sentidos abertos pela obra de arte literária, a própria teoria da literatura apresenta-se, também, como forma de mover-se em direção à criação literária e como uma paixão intelectual – que é a paixão do entendimento, da descoberta, da percepção mais funda do fenômeno artístico. Assim, criação e teoria aproximam-se e despertam o mesmo interesse, as mesmas dúvidas, o mesmo desejo de absorver, definir e vivenciar a indelével realidade da literatura.

Nesse sentido, já não é só a obra de arte que nos toma irremediavelmente. A paixão analítica também nos conduz, quase com a mesma intensidade que a paixão literária, à tentativa de compreender a própria teoria da literatura, sua presença decisiva no espaço da interpretação, seu instrumental que nos conduz aos limites do conhecimento e da consolidação de nossa sinuosa experiência estética. Em um primeiro momento, logo depois de vivenciar pela primeira vez essa dupla paixão, começa-se a compreender que o conceito de teoria é algo abrangente, genérico, que não se dá a ver com facilidade e sem restrições a qualquer tentativa imediata ou mais ou menos precisa de definição. Em um segundo momento, percebemos que toda teoria, ou seja, todo conjunto de princípios de que se constitui uma arte ou uma ciência, todos os sistemas ou doutrinas que procuram delimitar, explicar ou justificar esses mesmos princípios, todas as hipóteses, todas as possibilidades, enfim, tudo o que diz respeito à produção teórica depende sempre de uma práxis, isto é, de uma prática que confirme e faça valer os princípios definidos pelo trabalho de investigação teórica.

Por fim, esse desejo de entender o conceito de teoria da literatura em toda a sua amplitude leva-nos à percepção de que esta não difere muito da própria ideia de teoria. O esforço teórico em definir os limites da criação artístico-literária também não pode prescindir de uma práxis sobre a qual recaia sua visada analítica. Dessa forma, a teoria da literatura depende de um objeto de atenção e estudo, no caso, o fenômeno literário, ao mesmo tempo em que se constitui como um constante processo de autoanálise, ou seja, ela é uma forma de conhecimento estético e crítico que pode se configurar, a um só tempo, como sujeito e objeto de um discurso que se orienta para a obra literária e para si mesmo, em um complexo jogo de espelhos.

Como acontece com a ideia de teoria, que se multiplica nos mais variados ramos do conhecimento humano – Filosofia, Política, Sociologia, Física, Matemática, Medicina etc., sendo que cada uma dessas formas de conhecimento prevê não apenas uma única teoria que a determine, mas um complexo de teorias –, a teoria da literatura também não pode ser compreendida como um repertório único, definido. O que equivale a dizer: não há uma única teoria da literatura, há um conjunto mais ou menos organizado de tendências teóricas distintas, que se aproximam ou se afastam, que se afirmam ou contradizem, que convergem ou divergem entre si, mas todas, sem exceção, oferecem uma contribuição importante para que se desenvolva, no tempo e no espaço, um sistema de estudo, análise e compreensão do fenômeno literário.

POÉTICA DO ROMANTISMO   13

Assim, foi a partir de uma busca declarada pela análise do fenômeno literário e uma tentativa de compreender, a fundo, a teoria da literatura e o modo como esta se transforma em um instrumental decisivo para a crítica literária, que deparamos com aquele que seria o centro de nossa proposta de trabalho: pensar o ideal moderno de criação, teoria e crítica que se anuncia nos fragmentos literários de Novalis, poeta, escritor, teórico e pensador do primeiro romantismo alemão. Novalis legou-nos, em boa parte de sua obra, uma reflexão acurada sobre a literatura que surgia com os românticos alemães, sobre o pensamento crítico e teórico, sobre a própria mudança de horizontes da experiência estética, anunciando, nos limites de um discurso profundamente marcado pela *poiesis* criadora, a ruptura com os padrões clássicos de análise e julgamento da obra de arte, e a modernidade que se ensaiava e que ganharia seus contornos mais ou menos definidos a partir de Baudelaire, Rimbaud e Mallarmé, entre outros.

Nosso interesse por essa relação entre crítica e criação, pela obra de Novalis e, particularmente, pelo surgimento da ideia moderna de teoria da literatura, deu-se, sobretudo, graças à leitura de *Teoria da literatura em suas fontes*, organizado e apresentado por Luiz Costa Lima, um dos principais teóricos brasileiros. O mais interessante, aqui, é destacar que de imediato não foram os grandes ensaios teóricos presentes na obra que nos chamaram a atenção, mas o breve comentário feito pelo autor ainda na orelha do livro:

A expressão "teoria da literatura" surge na introdução de um curso privado sobre literatura europeia dado por Friedrich Schlegel, em Paris, entre novembro de 1803 e abril de 1804, e a seguir repetido em Colônia, entre junho e setembro de 1804. Na "Introdução", inédita até 1958, dizia Schlegel: "Poder-se-ia (...) indagar se não se deveria privilegiar uma visão de conjunto da literatura através da filosofia, i. e., uma teoria da literatura." E logo acrescentava: "Tal teoria, entretanto, daria uma visão incompleta da literatura se operasse sem conhecimento histórico." Aparentemente, estaria o autor apenas dizendo que a teoria, devendo ter uma base filosófica, não poderia dispensar o conhecimento histórico. Mas não era bem isso. Dizia então ser provisório todo o conceito não histórico de literatura, pois o "conceito mais pleno [da literatura] é a própria história da literatura." (2002c, v.1)

14 MÁRCIO SCHEEL

Em um primeiro instante, o que nos chamou a atenção foi justamente o fato de Luiz Costa Lima localizar, em uma obra de Schlegel, a primeira tentativa de criar uma teoria da literatura como suporte e instrumental para a análise da obra de arte literária, mas também revelar que, desde sua origem, a teoria da literatura também buscou definir a si mesma, ou seja, demonstrar a partir de que princípios, de quais ciências, de que formas de pensamento seria possível configurar uma teoria da literatura. Assim, Costa Lima continuava:

> A conjugação dos trechos é fundamental. Ter sido Schlegel o primeiro a formulá-la prova a sua genialidade e algo mais comezinho: foi com os "primeiros românticos alemães" que a literatura alcançou sua autonomia. O caminho da autonomia das artes fora traçado pela terceira *Crítica* kantiana (1790). Mas o trabalho concreto quanto à literatura coube a Schlegel e Novalis. Ora, o fato de aquele considerar que o conceito mais pleno da literatura é sua própria história significa que a história conteria, em termos de agora, a programação "genética" da literatura. (idem, ibidem)

Foi por essa perspectiva que chegamos à ideia de teoria da literatura como um sistema de reflexão acerca do fenômeno literário constituído por uma série de discursos produzidos pelo homem e que buscam compreender as origens, as características, as formas e os sentidos que o fenômeno literário vai tomando com o passar do tempo e em relação à tradição artística e estética legada pela história. A teoria da literatura, então, constrói-se a partir das relações analíticas que estabelece com as obras literárias, mas depende, sempre, de outros discursos que lhe deem uma legitimidade maior, mais consistente: no caso, a História e a Filosofia, fundamentalmente, mas também a própria Estética, parte do pensamento filosófico que, de início, aparece vinculada à Ética e que, na tradição filosófica clássica, seria justamente o estudo das relações de valor, virtude, verdade e moral do plano ético transportado para o universo dos princípios de criação artística.

Trata-se, na verdade, de um caminho de mão dupla: para compreender o fenômeno literário, a teoria da literatura lança mão do discurso histórico (isto é, a história dos períodos, das formas, dos autores e das obras surgidas através dos séculos) e do discurso filosófico (ou seja,

POÉTICA DO ROMANTISMO 15

aquele discurso que se vale de alguns métodos de análise e compreensão das estruturas e das formas pelas quais se constituem o pensamento e a reflexão) para conceber uma disciplina cujo instrumental analítico constituirá o suporte da própria crítica literária. Assim, ao mesmo tempo em que lança mão desses discursos para se fundamentar, a teoria da literatura possibilita que eles se renovem, quer dizer, que a história da literatura se atualize em seu conjunto de autores, movimentos e tendências, e que a crítica desenvolva, ainda mais, seus referenciais metodológicos, suas formas de abordagem, seus mecanismos de análise do fenômeno literário.

A partir dessas considerações iniciais, passamos a pensar na questão do desenvolvimento da teoria da literatura a partir dos movimentos críticos e criativos surgidos com as novas discussões e os novos procedimentos estéticos que se firmaram durante o século XIX com os principais representantes do primeiro romantismo alemão, sobretudo Novalis e Schlegel. Considerando que a arte romântica[1] é uma arte de ruptura, no sentido em que se distancia da tradição clássica de composição em que o equilíbrio de temas, formas e motivos poéticos esgotava-se e se repetia em um artificialismo maneiroso já injustificável para a época, compreendemos que, para esses mesmos autores, era preciso dar um novo sopro de vida às manifestações artísticas e estéticas que surgiam de uma série de conflitos ideológicos, políticos, sociais e culturais desencadeados com a Revolução Francesa.

O mundo moderno, pós-Revolução, era em muito distinto daquele idealizado e representado pelos principais artistas do século XVIII. O classicismo, com sua rigidez de formas, com seu impessoalismo, com sua falta de naturalidade, buscando harmonias e equilíbrios que já não traduziam a realidade desse novo período da história do homem, cede lugar aos impulsos de liberdade e ao frêmito do novo que os românticos transformariam em tema e justificativa de seu ideal de criação poética

---

1 Cabe aqui uma ressalva: no decorrer do trabalho, sempre que nos valermos de conceitos como os de romantismo, arte romântica, crítica ou teoria românticas, pensamento romântico, estaremos nos referindo, necessariamente, ao período entendido como primeiro romantismo alemão.

16 MÁRCIO SCHEEL

e que acabariam se tornando os pressupostos teóricos para o desenvolvimento de uma nova crítica literária. Era preciso traduzir essa nova realidade advinda dos anos de conflito revolucionário que, da França, se espalhou pela Europa e deu aos homens uma nova e radical visão de mundo – a *Weltanschauung* de que falavam os alemães.

As novas ideias surgidas desse clima revolucionário buscavam agora uma nova forma de expressão que traduzisse livremente, sem as imposições de estilo, forma e conteúdo dos antigos clássicos, as aspirações mais fundas do indivíduo. O romantismo representava, então, uma nova realidade artística muito mais condizente com os desejos de liberdade e vazão dos movimentos interiores do espírito humano. O artista romântico ensaia e leva a efeito a ruptura com todo e qualquer modelo de representação que obrigue o indivíduo a alienar-se de sua própria individualidade, regra geral consciente e inconscientemente imposta pelo classicismo europeu.

Da necessidade mais íntima de libertação – traduzida nas artes em geral e com grande intensidade na literatura, em especial na poesia – é que surgem os primeiros grandes teóricos modernos: os escritores, poetas e críticos do primeiro romantismo alemão que, na sua gênese, se definiria e teorizaria sobre si mesmo, em um processo de busca, reconhecimento e afirmação estética por meio da crítica e da teoria, duas novas tendências artísticas surgidas com os românticos, porque, até então, a criação e a crítica representavam momentos distintos da produção artística. Os românticos aproximariam esses momentos, encurtando a distância clássica entre obra e teoria.

Esse é um dos motivos que fazem do movimento romântico um momento da história literária determinante para as grandes transformações do pensamento artístico a partir do século XIX. Os poetas do romantismo não raro foram também teóricos e pensadores atentos às novas formas de arte que se vinham praticando então. Isso fez com que, pela primeira vez na história da literatura, as teorias acerca da criação literária acompanhassem os movimentos da própria criação, definindo e apontando caminhos para a criação, enquanto esta colocava à disposição da teoria o seu repertório verbal, em um processo não só de aproximação, mas também de influência e confluência.

POÉTICA DO ROMANTISMO 17

O romantismo alemão é reconhecidamente aquele que mais gerou os poetas-teóricos, ou críticos, ou teórico-criadores, na história da literatura moderna. Todos seguiram a esteira dos principais filósofos idealistas da época, Fichte e Schelling, e todos alteraram profundamente as perspectivas da linguagem e da criação artístico-literária, bem como do próprio pensamento humano. Novalis e os irmãos Friedrich e August Schlegel são os três principais artistas e teóricos do movimento romântico alemão, ou melhor, do primeiro romantismo, como a história literária o designa.

Dos três, Novalis foi o escolhido como ponto de partida para a discussão a que nos propusemos aqui: localizar as linhas de força do pensamento teórico do romantismo, analisar a perspectiva poética que compreende boa parte desse mesmo pensamento e demonstrar como se dá, nesse momento, a concepção de um novo gênero literário, o fragmento, e como este acabará por transformar-se no suporte ideal daquilo que podemos chamar de crítica criadora: uma forma de reflexão sobre o fenômeno literário que compartilha da *poiesis* original, ou seja, de uma linguagem que se abre para a intersecção entre poesia, crítica e filosofia, uma linguagem fundante, que concebe em si um mundo radicalmente novo, atravessado de ideias.

Novalis e Schlegel recriam, a partir da leitura sistemática das grandes obras fragmentárias da Antiguidade clássica, do aforismo filosófico, das máximas, anedotas e pensamentos dos moralistas franceses, o fragmento textual e ampliam-lhe suas potencialidades latentes, fazendo surgir o fragmento literário, uma forma diversa de escritura crítica, um novo modo de desenvolver o pensamento teórico sobre o ato de criação. O fragmento literário cria sua própria filosofia da linguagem e seu próprio conceitual crítico. Daí a importância desses autores, em especial de Novalis, por ser ainda muito pouco estudado, analisado e traduzido no País, mesmo sabendo-se que seus fragmentos e suas ideias literárias e filosóficas sobre poesia e criação foram determinantes para o pensamento estético alemão e que essas mesmas ideias se espalharam, mais tarde, por toda a Europa.

O interesse de Novalis e Schlegel pelas questões teóricas deriva de certa admiração que tinham por Lessing e da aproximação, ainda em

18 MÁRCIO SCHEEL

fins do século XVIII, com Schiller e Goethe, dois fundadores e maiores representantes do classicismo de Weimar, que atraíram para a cidade universitária de Jena os irmãos Schlegel, que por sua vez entraram em contato com Fichte e Schelling, dois filósofos de destaque no cenário intelectual alemão da época, além de Schleiermacher e o próprio Novalis, interessados que estavam nas novas ideias que o grupo de Jena principiava a desenvolver. Em 1797, a partir dessa aproximação, o movimento romântico começa a ganhar seus contornos mais ou menos definidos. Os irmãos Schlegel, Novalis, Schelling, Schleiermacher e Tieck unem-se em torno das ideias desenvolvidas por Fichte no seu *Fundamentos da Doutrina da Ciência Completa*, de 1797, além de dedicarem atenção especial aos postulados filosóficos estabelecidos pelas *Críticas* kantianas.

Kant, outra influência decisiva para esses pensadores e poetas orientados pela busca de novas formas de expressão e compreensão do homem, do mundo e do fenômeno artístico e literário, concebera sua filosofia a partir de dicotomias que não se poderiam resolver facilmente: entre elas, a oposição expressa pelo pensador de Könisberg entre mundo sensível e mundo espiritual, sensibilidade e entendimento racional, ciência e moral, natureza e espiritualidade, que, sob muitos aspectos, representa a oposição entre a percepção imediata do real e a essência transcendente, metafísica dos fenômenos que constituem o mundo, os seres e as coisas. Para Kant, o mundo real, sensível, é o grande objeto da ciência, e tudo o que configura o mundo é dado pelo encadeamento entre causa e efeito, o que faz com que o homem fique preso a uma realidade regida por um determinismo inviolável. O homem, que tem suas inclinações, seus desejos, suas paixões, e seus instintos, como qualquer outro animal, não poderia encontrar a liberdade se não pudesse viver, também, uma realidade outra, espiritual, que o libertasse dos imperativos do instinto e do determinismo do mundo.

O homem, então, só encontra a liberdade em uma realidade espiritual, em que se firmam os valores morais. Uma realidade incondicionada, da virtude e dos deveres que se praticam por si, porque devem ser praticados. É o que expressa em seu conceito de "imperativo categórico". Fichte, partindo do pensamento kantiano, será o filósofo que se dedicará à mais adversa das missões: resolver essa oposição

POÉTICA DO ROMANTISMO 19

radical entre a natureza e a espiritualidade, entre o mundo sensível e o mundo das ideias, se quisermos pensar nos termos platônicos que influenciaram o pensamento de Kant. Fichte é o filósofo que buscará superar as dicotomias kantianas e criar um princípio que unifique todos esses dualismos. No ensaio *Filosofia do romantismo* (1978, p.86), de Gerd Bornheim, temos a descrição desse princípio:

O problema da *Teoria da Ciência* é, pois, o de uma explicação radical e total da realidade. Para isso Fichte busca um primeiro princípio que permita uma compreensão una de tudo o que existe; um primeiro princípio, portanto, não apenas lógico ou que valha meramente como garantia de certeza, mas um princípio metafísico. Não pode ser algo de morto, de estático, mas deve ser ativo, dinâmico, pois só assim poderá de fato explicar a realidade. Não basta que seja apenas um fato (*Tatsache*), mas deve ser o que Fichte chama de *Tathandlung*, isto é, ação efetiva. Uma ação que tudo condiciona e que não conhece condicionamento, algo de absolutamente originário e absolutamente universal. Esse primeiro princípio metafísico, ação efetiva, original e universal, Fichte o chama de Eu, entendido como autoconsciência pura. Não se trata do eu particular de uma pessoa determinada, de um eu empírico, mas de um princípio supraindividual, um Eu puro, aquilo que o homem traz em si de divino e absoluto, pois, de fato, o Eu de Fichte não deixa de apresentar analogias com o espírito absoluto.

E o próprio Gerd Bornheim oferece-nos a abertura para compreendermos de que modo Schlegel, Novalis e os demais representantes do primeiro romantismo alemão percebem na *Doutrina da Ciência* de Fichte a chave para uma nova percepção do mundo, do ser, da obra de arte, sendo que esta se tornará a verdadeira obsessão dos românticos alemães:

Como pode o filósofo alcançar o Eu puro? O caminho está na intuição intelectual. Um dos méritos da filosofia romântica foi a revalorização dessa forma de conhecimento, negada, de modo especial, por Kant. Para este, como se sabe, por ser ilegítima a intuição intelectual, também é ilegítima a metafísica. Os românticos, contudo, justamente através dessa forma de intuição, pretendem voltar à via de acesso de toda metafísica. Para Fichte, isso quer dizer que a atitude inicial do filósofo deve constituir num esforço de pensar-se por dentro; toda filosofia depende dessa atitude: *pensa-te a ti mesmo*. E através da atividade do pensar-se a si mesmo, atinge o filósofo a ação efetiva do Eu puro, incondicionada, dinâmica, que é o princípio metafísico de toda a realidade. O pensar-se a si mesmo produz tudo. Não só as coisas extramentais, representadas, mas também a substancialidade do eu, a razão individual. Tudo, a começar pela substância raciocinante, é produto do ato da autoconsciência pura, primeiro princípio incondicionado, inexplicável, que condiciona tudo e que explica tudo. O grande feito de Fichte foi ter colocado o Eu no centro do todas as suas preocupações filosóficas. Neste ponto reside a sua originalidade, porquanto, a despeito de certos precursores, nunca o Eu merecera atenção tão exclusiva. (idem, ibidem)

Os românticos alemães, preocupados com a questão da arte e da criação, mas também com o pensamento e a reflexão de ordem ontológica, que busca definir a própria essencialidade do Ser, apropriar-se-ão das ideias de Fichte na elaboração de suas perspectivas estéticas. A partir dessa filosofia do Eu desenvolvida por Fichte, os românticos também deslocarão o centro de interesse da arte dos limites da natureza para as fronteiras da individualidade. Trata-se de prescindir daquela visão artística clássica segundo a qual os padrões da Antiguidade fornecem modelos de criação que se fundamentam na ideia de que é possível uma comunhão direta e objetiva com a natureza, uma relação harmoniosa, revelada pelo equilíbrio das formas e pela padronização do gosto. Ao deslocar a percepção da obra de arte para as fronteiras da individualidade, os românticos acabam por desautomatizar essa visão de uma natureza objetiva, imutável, que se reflete na própria criação estética.

O culto do Eu, desenvolvido por Fichte e adotado pelos românticos, problematizará essa visão ideal de natureza, de equilíbrio, de contenção e padronização dos sentimentos, do gosto, da criação. Os clássicos louvavam nos gregos o pendor à objetividade, ao absolutamente racional, à tentativa de superar as dicotomias entre mundo sensível e mundo espiritual (de certa forma retomada por Kant séculos mais tarde) pela síntese perfeita entre razão e sentimento, entre objetividade e espiritualidade. Essa síntese perfeita é o equilíbrio proposto pelos clássicos. Ainda que os românticos alemães, a rigor, possam representar uma

POÉTICA DO ROMANTISMO   21

espécie de continuidade do classicismo aberto por Goethe e Schiller (até porque, durante algum tempo, foram admiradores das obras e do pensamento destes), eles não deixam de prescindir, em um dado momento, do ideal estético que motivara os clássicos: a tentativa de anular o Eu em favor da impessoalidade dos modelos e das formas, criando uma espécie de equilíbrio contrário à busca incessante dos poetas românticos – a abertura ao infinito, ao ilimitado, ao Absoluto, que tomaram do próprio pensamento filosófico fichteano.

É assim que os primeiros românticos conceberão seu ideal de teoria da literatura: a partir de pressupostos filosóficos que afirmam a individualidade, o pensar a si mesmo fichteano que conduz à compreensão da obra de arte como uma realidade que não pode ser tomada segundo modelos ou padrões determinados *a priori*, porque a própria obra é uma realidade individual, única, unitária, que se desliga da totalidade do mundo e que procura, a partir de sua própria singularidade, alcançar uma totalidade em devir, que ainda não existe, que só pode se configurar, historicamente, em progresso, em uma evolução incessante. Schlegel, por exemplo, desenvolverá a teoria de que a poesia romântica é uma "poesia progressiva universal" pensando nas questões propostas por Fichte, transformando o pensar a si mesmo em uma reflexão filosófica incessante, reflexão que deve criar suas próprias formas, condizentes com a proposta de infinitude que o gesto reflexionante demanda. O fragmento literário, então, é uma dessas formas de expressão, um gênero criado de acordo com a afirmação de uma nova crítica, de uma nova teoria, de uma nova forma de perceber a obra de arte.

E o fragmento literário, como a própria designação sugere, tem sua razão de ser na fragmentação, na ruptura com as formas totais de representação discursiva, e, paradoxalmente, é parte dessa busca pelo Absoluto que a filosofia fichteana põe em cena. Paradoxalmente porque o fragmento, não sendo uma totalidade, quer-se parte incontestável desta; porque não sendo uma realidade absoluta, é uma forma de manifestação desta. O fragmento literário está diretamente ligado ao conceito de poesia progressiva universal – um gênero que concebe a ideia de totalidade que se encontra por trás da reflexão por meio da evolução constante de suas partes em progresso infinito e pela abran-

22 MÁRCIO SCHEEL

gência de suas propostas de pensamento, por meio da universalidade de temas, ideias e conceitos. É o que podemos perceber na colocação de Gerd Bornheim:

> A mediação recíproca entre os homens só pode enriquecer a experiência individual e tende sempre a pôr em contato o divino que há nos homens. Visto que cada um traz em si o divino, que Deus habita o homem, fundamenta-se a possibilidade de cada indivíduo poder ser um mediador para todos os outros homens. E o mediador por excelência, segundo Schlegel, é justamente o artista e, de modo especial, o poeta; transfigurando o sensível, é ele quem pode, o mais concretamente, realizar a tarefa de mediação, e de modo mais radical. Por isso o artista, o poeta, torna-se uma espécie de sacerdote para os homens, pois é ele quem melhor consegue comunicar o finito com o infinito. O artista genial é quem melhor realiza o absoluto que traz em si e melhor comunica-o aos outros. (idem, p. 93)

Assim, chegamos a outro ponto de interesse que as questões concernentes à teoria da literatura acabaram por suscitar-nos ao longo do tempo: a aproximação entre poesia e filosofia, em uma mútua influência, e a relação que teoria e crítica literária estabelecem com a própria ideia de *poiesis* criadora, isto é, o modo como a teoria e a crítica literária podem compartilhar, em essência, da linguagem criadora que se manifesta nas obras sobre as quais se debruçam. Temos uma forma de aproximar duas tendências do pensamento e da criação humana fortemente presentes na história literária, uma forma de estudar o surgimento da teoria da literatura e da nova crítica literária proposta pelos românticos alemães por meio do fragmento literário, principalmente os fragmentos do livro *Pólen*, do poeta, romancista e pensador Novalis, que abordará, em várias passagens diferentes de sua coletânea de fragmentos, o desenvolvimento do conceito de crítica, teoria e criação a partir da ideia de *poiesis*, isto é, um modo de articulação do discurso em que crítica e teoria se aproximam da própria linguagem que determina e funda a criação.

Assim, para compreender a ideia de *poiesis* no interior do discurso crítico de Novalis, para desenvolver um estudo sistemático acerca das bases da teoria da literatura e da crítica surgidas com os primeiros românticos alemães é preciso compreender em que medida o pensamento crítico e teórico desses mesmos autores estava ligado ao pensamento filosófico da época, sobretudo ao pensamento aberto por Fichte, como já vimos até agora. Nesse sentido, buscamos entender como se dá essa relação possível entre realidades distintas como as teórico-críticas, a filosófica e a poética como formas de manifestação do pensamento, como formas de potencializar o discurso crítico, de abrir suas perspectivas para a reflexão constante, incondicionada, proposta pelos românticos.

Os fragmentos literários de Novalis, nosso objeto primeiro de análise, passam a ser compreendidos não apenas sob a perspectiva teórica ou crítica, mas também como um gênero discursivo por meio do qual a teoria e a crítica afloram como filosofemas – propostas de pensamento ou investigação filosófica – e como forma de criação original que toma à *poiesis* seu modo de articulação discursiva, aproximando-se mesmo da essência da criação poética que, ao mesmo tempo, busca definir ou prefixar. Tanto Novalis quanto Schlegel – que mantiveram uma relação de amizade e influência mútua, o que torna bastante difícil dissociá-los quando da apreciação crítica de suas obras e de seu pensamento – compartilhavam dessa verdadeira obsessão pela arte e pela filosofia, e ambos partiram das ideias expressas na *Doutrina da Ciência* de Fichte para conceber seu próprio universo de pensamento:

> Para Schlegel, filosofia e arte estão estreitamente ligadas, são aspectos que se supõem, e ele inaugura com essa ideia uma das convicções mais arraigadas e características de toda a escola romântica. O que a filosofia revela abstratamente a arte realiza, tornando concreta a filosofia. A poesia seria o idealismo concretizado; seria um idealismo, poderíamos dizer, convertido em realismo. (Bornheim, 1978, p. 93-4)

É por meio dessa ligação entre arte e filosofia que Novalis desenvolverá suas concepções críticas e sua reflexão estética, conduzindo a série de fragmentos literários que publicou na revista *Athenaeum*, editada por Friedrich Schlegel, ao encontro da *poiesis* criadora. Analisar os fragmentos de Novalis é uma forma de compreender como os caracteres essenciais da poesia manifestam-se no interior de discursos que, a princípio, parecem totalmente estranhos ou alheios à natureza mais íntima da poesia, e de que forma o discurso poético pode se manifestar como uma fonte de revelação do ser, como uma forma esteticamente articulada de afirmação e desvelamento do ser, e indo mais longe, perceber como foi importante para Novalis a ideia de que a verdade da poesia, do discurso poético, sua orientação em busca de uma linguagem criadora original é, também, uma forma de manifestação do ser.

O interesse de Novalis pela estetização absoluta – do ser, do mundo, do pensamento e da arte – faz com que entendamos o quanto foi decisiva (não só para ele, mas para os primeiros românticos de um modo geral) a forma como o discurso poético se articula em relação às mais diversas manifestações discursivas e exerce sua influência dos textos filosóficos às narrativas, como o romance, por exemplo, fazendo do ideal de *poiesis* uma realidade discursiva muito mais presente no universo artístico-literário do que sua manifestação mais representativa e singular: a articulação em versos. A poesia, então, é um discurso que pode penetrar, furtiva e conscientemente, gêneros tão distintos entre si quanto a teoria, a crítica, a narrativa ficcional e a filosofia.

Desse modo, procuraremos demonstrar como se deu o desenvolvimento da teoria crítica proposta pelos primeiros românticos alemães nos fragmentos literários de Novalis e como a crítica e a teoria da literatura acabaram mesmo por se aproximar da criação, gerando uma nova orientação discursiva em que a concepção estética de uma obra literária não escapa da crítica estética que essa mesma obra pode empreender. Isso porque, como já vimos, a aproximação de discursos estranhos entre si – o da criação artística propriamente dito e o da crítica que oferece a visada para a compreensão da obra literária – está na gênese das preocupações teóricas e estéticas dos primeiros românticos alemães. Em grande parte dos fragmentos de Novalis constantes do livro *Pólen*, essa preocupação fica bastante clara e evidente, e o modo como esses autores engendram suas obras – mais uma vez os fragmentos falam por si mesmos –, a forma como concebem seus discursos críticos, é singular e característica: cada fragmento deixa entrever o potencial criador que carrega consigo.

POÉTICA DO ROMANTISMO   25

Os fragmentos literários que compõem *Pólen* (2001) foram publicados, pela primeira vez, por Friedrich Schlegel no primeiro número da revista *Athenaeum*, editada por ele e por seu irmão August Wilhelm Schlegel em 1798. Originalmente, essa coletânea de fragmentos recebeu o nome de *Blüthenstaub*, ou "pó de eflorescências". Para o estudo aqui desenvolvido, valemo-nos da tradução cuidadosa de Rubens Rodrigues Torres Filho para a Coleção Biblioteca Pólen, dirigida por ele para a editora Iluminuras. Além dos fragmentos propriamente ditos, Torres Filho traduziu também alguns diálogos e um monólogo que constituem parte igualmente instigante da obra de Novalis justamente por revelarem o pendor ao pensamento, à reflexão e à crítica sob o signo do fragmentário e do poético, que tanto nos interessa. Assim, na tradução de Torres Filho, encontramos a seguinte divisão da obra de Novalis: Pólen/Observações Entremescladas, Fragmentos logológicos I e II, Poesia, Poeticismos, Fragmentos I e II, Fragmentos ou Tarefas do Pensamento, Anedotas, Diálogos e Monólogo.

Na tentativa sistemática de definir algumas características dessa tendência primeiro romântica ao fragmentário, lançaremos mão dos fragmentos de Novalis que, dessa forma, nos parecerem mais singulares. Mas para o estudo das relações do fragmento literário, da poesia, do pensamento filosófico, da crítica e da crítica como arte, fundamentada no ideal de *poiesis*, interessam-nos principalmente os fragmentos presentes em Poesia e Poeticismos, porque apresentam as perspectivas críticas e teóricas de Novalis acerca da poesia e da arte poética. Vale ressaltar que a escolha da tradução realizada por Rubens Rodrigues Torres Filho deu-se, sobretudo, pela sua formação filosófica, radicada na tradição do pensamento alemão, sendo o principal estudioso e comentador da obra de Fichte[2] no país, o que lhe confere uma inquestionável autoridade em relação a esse momento histórico da filosofia, do pensamento, da teoria literária e da arte que se convencionou chamar primeiro romantismo alemão.

---

2 O ensaio *O espírito e a letra: a crítica da imaginação pura em Fichte* (Ática, 1972), tese de doutorado de Rubens Rodrigues Torres Filho, é, até hoje, um dos mais completos trabalhos investigativos acerca da obra de Fichte publicados no Brasil.

Por fim, vale salientar que todo o trabalho que segue oscila sempre, e propositadamente, entre duas temporalidades mais ou menos definidas: a poesia, a literatura e a arte como formas de criação humanas que se inscrevem no tempo, que estão dentro do tempo e dele não podem prescindir, porque tornadas partes indissociáveis do movimento da História; e certa temporalidade que emana da poesia, da literatura e da arte e que lhe dá sua dimensão eterna, inviolável em relação à História e ao contínuo e incessante passar do tempo. Ainda que, em certas passagens, o trabalho avizinhe-se da historiografia ou do registro historiográfico, é preciso esclarecer que todo o esforço e, quem sabe, toda a originalidade deste livro consiste justamente em manter essa tensão temporal sem soluções, propondo, muito mais do que o mero registro de fundo histórico, uma discussão consciente e aprofundada sobre o desenvolvimento do conceito de teoria e crítica da literatura no primeiro romantismo alemão, e o modo como este fez do fragmento literário sua forma mais bem acabada de expressão. Desse modo, o presente trabalho pode reivindicar para si a tentativa, algo canhestra, de ser também uma teoria da literatura.

1
NOVALIS:
UMA INTELIGÊNCIA TITÂNICA

A vida de Novalis, um dos principais representantes do primeiro romantismo alemão, não se enquadra nos limites das grandes idealizações que cercam a biografia de poetas como Lord Byron, François Villon, Edmond Rostand ou Jean Arthur Rimbaud. Ao contrário desses poetas-aventureiros, Novalis teve uma vida muito mais modesta e comedida, diferentemente de sua obra e de sua inteligência criadora. Em vez das grandes aventuras do corpo e da matéria, o poeta alemão arriscou-se e aventurou-se pelos descaminhos do espírito e do pensamento, na tentativa de apreender e compreender a poesia, o mundo, os deslimites do Ser e a essência mesma da arte, prefigurada pelo fenômeno literário e pela *poiesis* criadora. Novalis foi, a um só tempo, poeta, romancista, teórico, crítico e um dos grandes pensadores românticos que surgiram na esteira da filosofia crítica kantiana e da *Doutrina da Ciência* de Fichte.

Novalis é o pseudônimo, o nome literário adotado por Georg Friedrich Philipp von Hardenberg, ou simplesmente Barão de Hardenberg. De uma estirpe tradicional, Novalis toma o pseudônimo do nome que sua família usava desde o século XIII. Ele nasceu em Oberwiederstedt, um pequeno feudo herdado de seus ancestrais, na Saxônia, em 2 de maio de 1772. Novalis estudou nos grandes centros educacionais da antiga Alemanha – Jena e Leipzig –, vindo a se formar, em 1793, em

Wittenberg. Em 1795, ficou noivo de Sophie von Kuhn, que na época tinha apenas 14 anos e que viria a falecer em 1797, dois anos depois de ter se tornado sua noiva.

A morte prematura de Sophie leva Novalis a escrever os *Hymnen an die Nacht* (*Hinos à noite*), seis poemas que transformam a noiva perdida em uma espécie de figura mítico-religiosa, em ideal místico, em realização ou motivo estético central aos *Hinos* que, publicados em 1800 na revista *Athenaeum*, acabam por se transformar em um dos marcos fundadores, em uma das obras inaugurais do romantismo alemão, além de fazer com que se estabeleça uma espécie de culto ao autor, uma verdadeira canonização literária. Isso porque os *Hinos* representam tudo o que há de mais caro às consciências românticas: a noite como signo de fuga e libertação, como rompimento dos limites opressivos do dia, como forma de existência paralela, perfeita em si mesma, pois renega a condição terrena e diurna do homem ao mesmo tempo em que se torna acessível às infinitas possibilidades do espírito livre, noturno, prestes a abrir as portas do sonho.

Entre 1799 e 1800, Novalis publicou o seu grande romance fantástico e alegórico, cuja narrativa remonta a uma Idade Média de lenda, ao gosto do Romantismo europeu de uma forma geral, mítico, feito de sutilezas e nuances de pensamento, concebido sob o signo do ideal filosófico de transcendência, da utopia do pensamento em busca do absoluto: *Heinrich von Ofterdingen*. O ponto de partida do romance fragmentário (quando da publicação, Novalis só havia concluído a primeira parte da narrativa) *Heinrich* é a visão da *blaue Blume* (flor azul) que se apresenta em sonho ao poeta-protagonista. Nesse sonho ele divisa, no centro da flor, um rosto que aparece e desaparece, em um movimento difuso. Então, ao longo de todo o romance temos os périplos do protagonista em busca da flor mítica e do rosto divisado em sonhos.

A flor azul passa a ser, alegoricamente, a busca do poeta pela poesia, pela arte original, no sentido de gênese, de formação, de criação, ao mesmo tempo em que representa o salto possível para a transcendência, para o encontro com o Absoluto, transfigurado em poesia. A narrativa é a representação dos ideais românticos e, particularmente, dos ideais poéticos do próprio Novalis. Encontraremos, ao longo de

POÉTICA DO ROMANTISMO 29

todo o *Heinrich von Ofterdingen*, a presença de certa mitologia cristã, a espiritualidade oriental, a viagem para dentro de si mesmo em busca da descoberta e do desvelamento ontológico, a vida contemplativa, a importância do sonho, a poética como caráter mesmo das questões que a narrativa aborda e desperta. Trata-se do que a crítica alemã convencionou chamar de *Bildungsroman*, ou romance de formação, já que o protagonista parte em busca de si mesmo, do autoconhecimento, de sua condição artística.

Dois anos antes, em 1797, Novalis já havia publicado uma novela que pode ser compreendida como uma espécie de gênese, de embrião do *Heinrich von Ofterdingen*, que foi *Die Lehrlinge zu Saïs* (*Os Discípulos em Saïs*), em que podemos encontrar, essencialmente, as mesmas ideias que seriam desenvolvidas e sistematizadas, literariamente, no *Ofterdingen*. Essas ideias, por sua vez, podem ser divisadas de um modo mais ou menos sistematizado, crítico e teórico na coletânea de fragmentos publicada em 1798, no primeiro número da revista *Athenaeum*, dirigida por seu amigo Friedrich Schlegel. A coletânea de fragmentos *Blüthenstaub* (pólen ou, literalmente, "pó de eflorescência") é composta de mais de trezentos fragmentos que versam sobre literatura, linguagem, poesia e filosofia, em um tipo de exercício crítico de pensamento que influenciaria sobremaneira a história da literatura, da crítica e da filosofia romântica. Juntamente com os fragmentos do próprio Friedrich Schlegel, publicados sistematicamente na mesma revista, *Pólen* representa um salto quantitativo e qualitativo do exercício da teoria, da crítica literária e da filosofia que se vinham praticando até então.

Assim, no ensaio introdutório à tradução de *Pólen*, de Novalis, Rubens Rodrigues Torres Filho, que também é o responsável pela tradução, afirma:

> Desconcertante pois, para o leitor de hoje, tomar em mãos a edição de Paul Kluckhohn dos escritos de Novalis, que reproduz diplomaticamente todos os manuscritos existentes – respeitando grafia, pontuação e cronologia, estabelecida muitas vezes com base em pesquisas grafotécnicas –, e verificar o simples fato material: que, dos quatro volumes que a compõem, dois, totalizando quase duas mil páginas, são constituídos pelos escritos

filosóficos, contra um (o primeiro) consagrado à obra literária integral e um (o quarto) à correspondência e aos diários. E mais, encontrar ali, por exemplo, sob o título *Fichte-Studien*, mais de duzentas páginas dedicadas a minuciosas anotações e comentário cerrado da *Doutrina da Ciência* de 1794, de Johann Gottlieb Fichte (1762-1814), considerada a obra mais difícil e complexa de toda a História da Filosofia – o que indica a elaboração conceitual tecnicamente avançada e não apenas, como supõe Wilhelm Dilthey (1853-1911), "filosofia romântica de vida". (in Novalis, 2001, p.13-4)

A passagem demonstra simplesmente que, ao contrário da aura romantizada que envolveu a vida e a obra de Novalis (que o caracterizaram, em seu tempo, como o apaixonado que definha lentamente a partir da morte da noiva; o jovem poeta, tuberculoso, morto ainda no início da mocidade; o sensível autor de poemas, novelas e romances que buscam a autorrevelação e os mistérios do amor, da noite, do sonho, da vida e da morte), o idealizador da flor azul foi, antes e acima de tudo, o estudioso atento, o crítico implacável, o filósofo em formação que dedicou sua vida às ideias, ao pensamento, à procura e ao encontro de uma linguagem que fosse ou significasse a libertação interior de um Ser poético, de um Ser-para-a-poesia, ou seja, de uma linguagem em que o pensamento, no sentido de investigação filosófica, não pudesse se distinguir, imediatamente, da *poiesis* criadora.

A morte ainda jovem e o destaque fulgurante de sua obra literária, crítica e filosófica contribuíram em muito para a criação do mito Novalis, para a romantização desfiguradora de sua imagem:

> Primeiro representante da nova Escola a ter sua obra conhecida numa edição de conjunto (póstuma, infelizmente), depois de ter sido o primeiro a ter uma coletânea de fragmentos (*Pólen*) publicada no primeiro número de *Athenaeum*, a revista-manifesto que apresentou ao público o movimento romântico, onde apareceu impresso pela primeira vez o nome "Novalis", coube a Hardenberg muito cedo, logo após sua morte, tornar-se objeto de um intrigante processo de canonização literária.
>
> Contribuíram para isso, fundamentalmente, cada um a seu modo, os dois amigos e companheiros, Ludwig Tieck e Friedrich Schlegel, que assumiram em 1801 o encargo piedoso de ler e publicar seus escritos.

POÉTICA DO ROMANTISMO 31

Tieck, na biografia que escreveu como introdução para a terceira edição dos escritos (1815), dá o tom, no plano sentimental, escrevendo: "A partir da santidade da dor, do amor profundo e do devoto anseio pela morte explicam-se seu ser e todas as suas ideias. No fato de que um único, grandioso momento de vida e uma única, profunda dor e perda se tornaram a essência de sua poesia e de sua intuição, compara-se ele, único entre os modernos, ao sublime Dante, e canta-nos como este um insondável canto místico". (idem, p.14)

Comentários como os de Tieck, produzidos no calor da perda, sentindo ainda a ausência do amigo, do poeta, do escritor e do filósofo que se fora repentinamente, que deixara o universo de convívio e participação criado ainda em Jena, são testemunhos muito menos do gênio de Novalis do que das impressões e sensações que a profunda sensibilidade de suas obras despertava. Para uma geração que se formara sob o signo dos *Sofrimentos do jovem Werther*, obra da imaturidade de Goethe, uma vida como a de Novalis (e testemunhos apaixonados como os de Tieck) só poderia mesmo dificultar a compreensão mais atenta, cuidadosa e detalhada das perspectivas estético-filosóficas expostas pelos fragmentos de *Pólen*. Quando Novalis alcança a condição de mito romântico, figura de culto e adoração (como o foi, décadas antes, o Werther goethiano, com a diferença que o Werther era uma personagem ficcional, pura instância discursiva, ao passo que Novalis possuía uma existência concreta, palpável, anterior a sua própria criação), é natural que a obra em si mesma sofra com toda sorte de desfigurações que as leituras apaixonadas acabam, involuntariamente, produzindo. A dimensão filosófica, o trabalho do pensamento e o rigor intelectual, centrais à produção de Novalis e que se despertam com sua leitura, são postos de lado em nome da inspiração e da carga emocional que a visada superficial de sua obra provoca:

Formou-se rapidamente, então, um culto de Novalis, fomentado particularmente por um grupo de literatos catolicizantes, de que faziam parte, ao lado de Otto Heinrich von Loeben, seus dois irmãos mais novos, Karl (que escrevia com o pseudônimo de Rostorf) e George Anton; e ecoa ainda, em 1954, no título da obra de Rudolf Steiner (1861-1925), *O mis-*

tério do Natal: Novalis, o visionário e anunciador de Cristo (conferências proferidas em 1907-8), essa prática que consiste em reverenciá-lo pelos mesmos motivos, apenas com os sinais trocados, que levaram sua época ainda iluminista a qualificar suas ideias de *"nonsense* de manicômio", como se lê numa das primeiras resenhas de seus escritos. (idem, p.15)

E parte da crítica contemporânea, apesar de tudo, parece não ter feito grandes esforços para resgatar a imagem do poeta-pensador, que foi um dos mais importantes críticos e teóricos do primeiro romantismo alemão. Otto Maria Carpeaux, por exemplo, conhecido pela clareza e coerência de suas ideias, em *A literatura alemã*, incorre nas mesmas limitações teóricas e críticas do juízo apressado, do resumo biográfico mistificador, na mesma notação apaixonada, vaga e algo superficial de que Tieck já fora vítima, contribuindo para cristalizar a percepção desfiguradora acerca da personalidade e da obra de Novalis:

> Certas obras de Tieck não passam de elaborações artísticas de ideias que outros lhe sugeriram. Tieck foi o talento. O gênio foi Novalis (pseudô-nimo de Friedrich von Hardenberg) (1772-1801). Mais um que admirava e exaltava o catolicismo, sem dar o passo da conversão. Mas um espírito sério, tão sério que sacrificou às suas ideias a vida. Morreu-lhe a noiva; e o tuberculoso, que a amara como os católicos veneram Nossa Senhora, consumiu-se até morrer também. Não chegou a realizar plenamente seu ideal que simbolizou como "a flor azul": expressão que foi adotada pelo romantismo inteiro como uma espécie de brasão. Seu romance histórico--fantástico *Heinrich von Ofterdingen*, um "romance de formação", foi concebido como um *pendant poético* do "prosaico" *Wilhelm Meister*. Mas Novalis é, antes de tudo, grande poeta lírico. Os *Hymnen an die Nacht* (*Hinos à noite*), em parte em prosa rítmica, são o maior monumento poético do romantismo alemão, do seu poético e perverso amor à noite e à morte. Novalis superou esse romantismo da morte pela fé cristã, fosse mesmo uma fé muito mais estética do que dogmática. (...) Ao mesmo tempo escreveu os *Fragmentos*, aforismos de grande profundeza filosófica, antecipando ideias da Psicanálise e da moderna filosofia da Natureza. Novalis foi mesmo um espírito antecipador: poetas simbolistas e poetas surrealistas, sobretudo na França, veneravam-no como precursor. (Car-peaux, 1994, p.112-3)

POÉTICA DO ROMANTISMO   33

Como é possível perceber, Carpeaux não se esforça para desfazer certa aura mítica que envolve a figura de Novalis. Ao contrário, mais de 150 anos depois, atualiza o mito e passa ao largo de tudo o que possa ser verdadeiramente essencial à compreensão da obra e do pensamento do escritor alemão. Sem dúvida, Novalis é um grande poeta lírico, mas isso não justifica que todo seu trabalho criativo e criador fique reduzido à beleza, à profundidade e à atualidade romântica dos *Hinos à noite*. Mesmo o *Heinrich von Ofterdingen* é uma obra que ganha novos contornos, dimensões, sentidos e perspectivas se relacionada com a obra crítica e filosófica do autor, o que quer dizer: as teorizações, as críticas, as tentativas de estabelecer uma filosofia da linguagem, uma poética fundamental, presentes nos fragmentos de *Pólen*, são essenciais para as várias relações e para os possíveis entendimentos da obra literária de Novalis e da própria postura crítica inaugurada com os representantes do primeiro romantismo alemão.

O mais curioso e contraditório nessa visada histórica do caráter e da obra de Novalis diz respeito ao fato de que ele sempre foi um homem prático, completamente ligado às exigências diárias, à vida comezinha, simples, sem sobressaltos ou arroubos de aventura. Na verdade, causa surpresa saber que a imagem, a aura criada em torno de Novalis, foi resultado muito mais de um desfiguramento literário (e crítico) do que da realidade imediata: o poeta romântico desesperado era, em grande medida, uma persona lírica. O autor dos fragmentos e dos *Hinos à noite* era um estudioso atento das mais variadas áreas do saber humano, entre elas a Literatura e em particular a Filosofia, além de ter passado os últimos anos de sua vida profissional como engenheiro de minas. Esses fatos, de certa forma e ainda à época de sua morte, foram omitidos de sua biografia ou dos vários necrológios escritos por amigos e conhecidos, talvez porque uma vida assim prosaica estivesse muito distante do rigor criativo, teórico, crítico e filosófico que sua obra sugere:

> Desse modo, a tradição da leitura de Novalis veio a ser a história de um longo processo de desfiguramento, não só da obra, mas da própria pessoa histórica do autor. O jovem poeta da flor azul, melancólico, sonhador, desligado deste mundo, por onde apenas brilhou meteoricamente antes

34 MÁRCIO SCHEEL

de alcançar a morte amada, era uma homem prático, ativo e atento que,
ao lado de seus estudos de filosofia, física, química, literatura, geologia,
medicina, política, teve uma atividade profissional regular, desempenhada
com interesse e competência, como assessor das minas de bronze de Leipzig e, a seguir, das salinas de Wiszenfels, que pertenciam ao Eleitorado
da Saxônia, gozando da confiança mais irrestrita de seus superiores.(...)
Esses fatos, já conhecidos desde 1801, através do necrológico de
Hardenberg escrito por August Coelestin Just (1750-1822), seu superior
hierárquico e amigo, assim como o noivado do poeta com a nobre Julie von
Charpentier (1776-1811), filha do intendente de minas von Charpentier,
de Freiberg, foram bem pouco levados em consideração na construção da
legenda de Novalis, naturalmente, porque se harmonizariam mal com a
imagem tradicionalmente aceita. (Torres Filho, 1987, p.16)

Mesmo os arroubos do espírito romântico, os impulsos e os deses-
peros de alma, o amor, a morte e a noite, temas tão caros ao romantismo,
refletidos nos poemas, nas narrativas, contos e romances de fins do
século XVIII e primeira metade do XIX, que caracterizaram a produção
artística dos principais representantes desse novo movimento, ganham
com Novalis um pendor intelectual, uma inclinação ao estudo sistemático, uma atenção de investigador incansável, procurando romper
os limites herdados do classicismo e redefinir a criação literária a partir
de um referencial crítico e teórico que possibilitasse o desenvolvimento
de uma nova tendência de pensamento dentro dos estudos estéticos: a
teoria da literatura é uma invenção (ou melhor, uma sistematização)
genuinamente romântica, porque surge na esteira das investigações
críticas e filosóficas abertas por Novalis e Schlegel, revelando-se
no rompimento com os padrões normativos de exposição clássica e
manifestando-se por meio dos fragmentos literários, que se transformariam em estudos atentos da arte e da criação, compartilhando do
ideal de *poiesis*, tornando-se, eles mesmos, como veremos, uma forma
genuína e original de criação.

Antes de chegar aos trinta anos, em 25 de março de 1801, morria
Novalis, vítima da tuberculose. Como já demonstramos, ainda em
vida ele foi alvo de um processo de eleição e adoração literária como
poucos autores mereceram até então. Mas sua obra, ao contrário do que

se possa imaginar, não tem nada de juvenil ou imatura. Os fragmentos literários de Novalis representam o ideal primeiro romântico da reflexão como algo infinito, interminável, única maneira de compreender os movimentos interiores do espírito e da arte. E, como abordaremos mais tarde, esses mesmos fragmentos, no plano da exposição, significam a síntese perfeita desse ideal de reflexão porque a própria forma se deixa marcar pelo eterno inacabamento que sugere, pela aparência de forma em infinita construção, coerente com as ideias expressas, com as perspectivas teóricas e críticas que inauguravam, com o próprio conceito de poesia como construção infinita, a poesia progressiva universal. Mas, para tanto, é preciso entender o contexto histórico-social em que surgem essas ideias e no qual se afirma o pensamento filosófico do primeiro romantismo alemão.

2
O *FRÜHROMANTIK* E
AS NOVAS PERSPECTIVAS LITERÁRIAS, ESTÉTICAS E FILOSÓFICAS

Uma visão histórica

Georg Friedrich von Hardenberg faz parte de um momento singular do pensamento teórico e crítico da literatura europeia, momento que, na verdade, foi típico e próprio, enquanto movimento estético, da história da literatura alemã: o *Frühromantik* ou primeiro romantismo alemão. Como é sabido, entre o *Sturm und Drang* (Tempestade e Ímpeto) – tendência artística da qual fizeram parte Schiller, Jean Paul e o próprio Goethe, que a inaugurou com *Os sofrimentos do jovem Werther* – e o movimento romântico propriamente dito, a literatura alemã viveria uma espécie de Idade de Ouro com o classicismo de Weimar e a rendição de Goethe e Schiller a esse mesmo movimento, transformando-se nos principais representantes da estética classicizante na Alemanha, estética esta que promoveu uma ruptura drástica com os ideais de liberdade criadora gerados com o *Sturm und Drang*, o pré-romantismo alemão. Ou seja, entre o pré-romantismo e o movimento romântico propriamente dito, os alemães viveram o seu classicismo artístico-estético, signo de choque, ruptura e cisão com uma tendência que já vinha se formando desde a segunda metade do século XVIII:

38 MÁRCIO SCHEEL

A substituição do classicismo pelo romantismo não foi uma questão de épocas. Os primórdios e o apogeu do romantismo coincidiram historicamente com a fase culminante do classicismo. No ano das baladas de Goethe e Schiller surgem as *Herzensergiessungen* de Wackenroder e mesmo antes da *Pandora* e *Wahlverwandtschaften* de Goethe temos o *Wunderhorn* e um pouco mais tarde as primeiras coletâneas poéticas de Uhland. A relação entre ambas as escolas literárias consiste mais em um "aceitar e rejeitar" recíprocos, do que em uma diferença de tempo.

Herder torna-se o modelo, Schiller o padrinho e Goethe o ídolo daquela geração de poetas dos meados da década de 90 do século XVIII, que surge em Weimar ou nas suas proximidades. Tanto Herder como Schiller repudiam o imoralismo e chocam-se com o estilo liberal e jocoso, próprio destes jovens poetas. (...) A contribuição ideológica de Herder ao movimento romântico não foi ainda avaliada com exatidão. Entre o classicismo e o romantismo verifica-se, assim, tanto a recíproca fertilização, quanto a oposição. O antirromantismo verdadeiro é, muito pelo contrário, o iluminismo. (Kohlschmidt, 1967, p.325)

Trata-se, em essência, de um momento absolutamente complexo da história da literatura alemã. Isso porque, vale lembrar, quando o movimento romântico alemão alcança seu momento máximo, uma espécie de apogeu teórico, crítico e criativo, no início do século XIX, o classicismo de Weimar apenas iniciava sua decadência. Goethe ainda vivia e sua figura emblemática não podia ser simplesmente ignorada. Assim, românticos e clássicos estabeleceram uma relação de convívio, de mútuos questionamentos e discussões das quais a grande privilegiada acabaria sendo a crítica literária, que veria surgir, com os primeiros românticos, uma teoria da literatura que fugia às faculdades judicativas do gosto, que servia como pressuposto objetivo do julgamento estético, como até então era praticada pelos "juízes de arte" do classicismo. Essa coexistência no tempo e no espaço de tendências artísticas e filosóficas tão distintas foi fundamental para o desenvolvimento e para a criação de uma nova consciência estética, de um novo pensamento artístico-filosófico, de uma nova forma de teorizar, conceber e pensar o fenômeno literário.

Fundamental para as transformações artísticas, estéticas e de pensamento promovidas pelo primeiro romantismo alemão foi a criação

POÉTICA DO ROMANTISMO 39

dos círculos literários, das grandes relações de convívio e amizade que se estabeleceram entre os principais representantes do movimento romântico. Os círculos literários permitiram aos seus convivas o estreitamento dos laços afetivos, laços de amizade que, por sua vez, possibilitaram uma espécie de unidade de pensamento determinante para a consolidação das tendências estéticas e filosóficas que alterariam radicalmente os conceitos de criação, crítica, teoria, filosofia e obra de arte a partir de fins do século XVIII. Novalis, Friedrich e August Schlegel e Tieck, entre outros nomes centrais do primeiro romantismo alemão, têm em comum o fato de terem vivido próximos, em uma relação de estreita e profícua amizade, criando o círculo literário mais conhecido da história da literatura alemã: o círculo de Jena, um universo pensante e criador em constante estado de ebulição, um mundo intelectualmente ativo, que reveria e repensaria a arte a partir de um novo horizonte estético que se anunciava.

A origem do romantismo alemão, verificada na década de 90, foi marcada pela formação de círculos de amizade entre a nova geração de poetas, críticos e filósofos. Do ponto de vista sociológico, poder-se-ia observar algo semelhante no *Göttinger Hain*. A amizade naquele círculo, entretanto, destacava-se por um estilo mais ou menos coeso e por um sentimentalismo coletivo.

A teórica e prática da amizade desta geração romântica era mais consciente, incondicional e individualmente mais existencial. A amizade entre Wackenroder e Tieck apresenta características diferentes daquelas peculiares às existentes em outros círculos como o de Jena (...). O fato de ao mesmo tempo se dedicarem a uma filosofia da amizade, tal como podemos verificar nos *Fragmente* de Novalis, Schleiermacher e Friedrich Schlegel, não constitui uma contradição à observação precedente. Estes escritos representam tentativas pessoais no sentido de uma compreensão de si mesmo dentro do comportamento sentimental geral, recorrendo-se para tanto aos meios da concepção humana idealista. (idem, p.327)

Antes de tudo, é preciso lembrar, também, que o primeiro romantismo, historicamente, surge na esteira das grandes transformações políticas, econômicas e sociais engendradas pela Revolução Francesa, cujos ideais iluministas contaminaram o pensamento europeu de forma decisiva. A burguesia ganha representatividade econômica cada vez maior. As mudanças políticas alteram a concepção de mundo das nações, dos indivíduos, dos artistas da época. Tudo sob o signo da mais rápida e mais absoluta revolução. O espírito individualista dos primeiros românticos está indissociavelmente ligado a esse ambiente de profundas transformações, de grandes mudanças. Era preciso rever os conceitos vigentes, o antigo repertório crítico-teórico de que dispunham a partir dessa nova realidade circundante. Era preciso transformar o próprio pensamento, a própria maneira de agir e reagir diante do mundo. Era preciso fazer valer cada uma das grandes e poderosas individualidades que, juntas, criaram as bases do pensamento romântico: é o caso dos irmãos Schlegel e de Novalis, por exemplo, individualidades ostensivas, que se faziam presentes em cada uma de suas obras, sem perder de vista, no entanto, o interesse comum que os aproximava: reformar as artes e o pensamento da época.

Com a nobreza apartada do poder político, é a força econômica da burguesia que passa a ditar as regras, que assume o comando, que toma a frente e passa a decidir, politicamente, os destinos gerais dos Estados modernos que se formavam. Ou seja, a burguesia ganha relevo como classe social que, agora, não detém apenas o poder econômico, o destino financeiro das nações – ela se impõe, também, como poder político. O problema é que a burguesia pensa as coisas pela óptica de seu utilitarismo – estendendo essa concepção inclusive às artes, à filosofia e ao conhecimento. Assim, o romantismo surge, paradoxalmente, como crítica a essa visão burguesa de mundo e, ao mesmo tempo, como elemento capaz de criar o entretenimento que a nova classe dominante buscava nas artes de um modo geral e sobremaneira na literatura: para tanto, basta pensarmos que o romance burguês só se consolidará, verdadeiramente, a partir do romantismo. Essa postura foi um dos fatores responsáveis por desenvolver nos artistas românticos aquele desejo de isolamento fundamental – que se afirma na fuga, na rejeição ao utilitarismo artístico, à arte como entretenimento – para que surgisse aquela que seria a mais forte característica romântica: o culto à individualidade, que reconhecia na criação artística uma forma de autoafirmação.

POÉTICA DO ROMANTISMO 41

Quando, após a queda de Napoleão em 1815, uma nova ordem relativamente estável se firmou nos principais países da Europa, foi de fato a burguesia, a classe revolucionária de outrora, que começou a dominar cada vez mais a vida pública; tornara-se tal classe, entretanto, medíocre, rasteiramente utilitária, presunçosa e timorata a um só tempo. Os espíritos delicados, superiores, generosos e poéticos se sentiam estranhos nessa vida moderna; refugiavam-se na melancolia, no lirismo, no orgulho solitário; às vezes, numa ironia trágica e paradoxal; amiúde, na reação política e religiosa. (Auerbach, 1970, p.229)

O poder político e econômico mudara de lado. Mas o dinheiro não atesta cultura à burguesia. Culta, por excelência e tradição, fora a aristocracia. Os interesses burgueses à frente do poder, comandando agora os destinos das nações, representavam para os artistas (pintores, escultores, músicos, poetas ou escritores) e para as artes de modo geral um verdadeiro desastre. Com essa nova modernidade que se inaugurava, os padrões clássicos caem por terra porque contenção, equilíbrio, contemplação e apuro formal já não têm razão de ser dentro de uma época que viu as nações se insurgirem e cujos resultados foram, no mais das vezes, quase apocalípticos: revoluções, crueldades, violências e derramamento de sangue a favor de ideologias que, em última análise, só fizeram trocar de mãos o estado de coisas econômico e social em que as nações europeias se encontravam, o que quer dizer, os cidadãos, as massas, o povo, na acepção alemã de *Volk*, continuariam fadados a uma condição de descaso e miséria que os desdobramentos da Revolução Industrial, nesse mesmo período, só fariam acentuar. Esse foi outro fator preponderante para o desenvolvimento da individualidade e do culto do "eu" romântico, além de despertar em muitos dos representantes do romantismo uma aversão absoluta às revoluções bem como, muitas vezes, ideais francamente reacionários. Eles inauguraram, assim, o que se pode chamar talvez de "ideologia das oposições". Sim, porque o romantismo, no curso de seu desenvolvimento, opor-se-á à maioria das conquistas trazidas com e pelas revoluções. Nesse contexto, Erich Auerbach enumera muito clara e contundentemente algumas das principais oposições desenvolvidas pelo pensamento romântico:

Ora, parecia que a Revolução não tinha produzido senão desordens, injustiça, paixões abomináveis e sangue. A reação, em toda a Europa, foi violenta, e o "historicismo" do Romantismo se ressentiu disso: muitos românticos se tornaram antirrevolucionários e reacionários. Ao racionalismo e ao anti-historicismo da Revolução, opunham eles o culto das tradições e o respeito às forças imanentes da História; à Revolução, opunham o povo conservador, vivendo de acordo com seus hábitos seculares, numa evolução lenta, próxima da verdadeira Natureza, que outra coisa não era senão o espírito de Deus, e que se modificava não segundo as ideias arbitrárias da razão humana, mas de acordo com um ritmo que cumpria sentir e seguir. (...) A reação dos conservadores românticos era, na verdade, bem diferente dos princípios do absolutismo antigo; opunha-se à centralização, queria conservar os costumes locais, as organizações profissionais, as castas; era antirracionalista; preferia a Idade Média (de que se ignorava o lado racionalista) às épocas de absolutismo; e se baseava na ideia da evolução histórica. (idem, p.231-2)

Essas oposições eram sempre drásticas se comparadas com as perspectivas do classicismo europeu, notadamente as do classicismo de Weimar, cuja influência ainda era marcante durante a ascensão do pensamento romântico, como já foi visto. Mas é nessas oposições que encontramos o caráter marcadamente revolucionário e original do movimento romântico. O sentimentalismo, o desejo reformista, o nacionalismo, as paixões do espírito, o inconformismo diante da realidade inaugurada com essa nova vida moderna fariam dos artistas românticos sensibilidades conflitivas, sempre prontos para o escapismo, para a fuga em direção a uma realidade que se apresentasse a mais diversa possível daquela que eles conheciam, uma realidade onírica, intimista, que mergulha na busca pela essência mesma do ser, por sua justificativa existencial. E a consciência histórica, o historicismo romântico encontrou na Idade Média, no culto ao passado, as novas dimensões e perspectivas tanto procuradas, além de restabelecer à vida um sentido fundamentado na religiosidade, em um misticismo no mais das vezes cristão, mas não dogmático, concebido poeticamente. É o princípio da negação aos fundamentos Iluministas.

POÉTICA DO ROMANTISMO 43

O historicismo dos românticos, seu entusiasmo pela Idade Média, sua aversão ao racionalismo e seu culto dos sentimentos provocara, neles, um despertar das crenças religiosas; trata-se de outra das tendências pelas quais os românticos se opõem ao século XVIII. Foi, em primeiro lugar, uma renascença do catolicismo, antes poética, mística e lírica que dogmática, que por vezes estava em relação com suas ideias políticas; não foi, todavia, universal; muitos românticos não tomam parte nela. (idem, p.232)

Mas os que não tomaram parte nessa renascença do catolicismo, os que se mantiveram contrários à Igreja, mesmo esses não deixaram de possuir certo senso de religiosidade, uma crença vaga, um misticismo enevoado que se choca com os ideais clássicos de sensualismo, materialismo e racionalidade surgidos com os filósofos do século XVIII. Para os românticos, Deus andava à solta e, ao contrário das crenças dos artistas e filósofos do classicismo, era sim intervencionista. O deísmo cai por terra e a vida humana só pode ser explicada por meio das manifestações e intervenções divinas. A existência passa a ter seu sentido ligado indissociavelmente à busca de Deus, uma prefiguração alegórica até da busca romântica pelo absoluto. Os românticos restabelecem assim a crença no destino eterno do homem não ligado ao sentido imanente da História apenas, mas sim na redenção e salvação divina, ainda que essa religiosidade tivesse um fundo muito mais poético do que propriamente dogmático – mais dinâmico, porque livre ou determinado apenas pela percepção individual. É o que podemos perceber no fragmento 73 das Observações Entremescladas, de *Pólen*:

Nada é mais indispensável para a verdadeira religiosidade que um termo médio – que nos vincule com a divindade. Imediatamente o ser humano não pode em absoluto estar em relação com ela. Na escolha desse termo médio o homem tem de ser inteiramente livre. A mínima coerção nisto é nociva para sua religião. A escolha é característica e consequentemente os homens cultos escolherão termos médios razoavelmente iguais – enquanto os incultos costumam ser determinados aqui pelo acaso. Como porém tão poucos homens são capazes de uma livre escolha em geral – muitos termos médios se tornarão mais universais – seja através do acaso – através de associação, ou de sua particular conveniência a isso. Desse modo nascem as religiões pátrias. Quanto mais autônomo se torna o homem, tanto mais diminui a quantidade do termo médio, a qualidade se refina – e suas relações com ele se tornam mais múltiplas e cultas – fetiches – astros – animais – heróis – ídolos – deuses – *um único* homem-deus. Vê-se logo quão relativas são essas escolhas e despercebidamente é-se impelido à ideia de que a essência da religião não depende do feitio do mediador, mas consiste exclusivamente no modo de vê-lo, nas relações com ele. (Novalis, 2001, p.75-7)

As ideias em trânsito e conflito

Por meio dessa concepção religiosa da vida, o romantismo romperá com a ideia motriz dos filósofos iluministas – a uniformidade e o império absoluto da Razão. O racionalismo iluminista tinha uma concepção mecanicista da Natureza segundo a qual esta era regida por leis uniformes, universais e imutáveis, integrando o homem a esse universo e harmonizando-os – homem e natureza – segundo os princípios filosóficos definidos. Assim, o sujeito passa a ser visto como parte integrante da Natureza estável e imutável; ele perde sua originalidade e singularidade já que é regido pelas mesmas leis que regem a Natureza. E se o sujeito passa a ser regido por essas leis universais, ele também é passível de ser explicado por elas. Os românticos questionarão justamente essa perspectiva de imutabilidade, integração e harmonia entre homem e Natureza que fora tão cara aos iluministas:

> As matrizes filosóficas da visão romântica, que legitimam, dentro de uma nova constelação de princípios, a originalidade e o entusiasmo, são o caráter transcendente do sujeito humano e o caráter espiritual da realidade, que quebram a uniformidade da razão e a consequente forma de individualismo racionalista, ao mesmo tempo que a concepção mecanicista da Natureza. A primeira matriz moldou-se pelo princípio da transcendência do Eu na filosofia de Fichte, e a segunda pela ideia de Natureza como individualidade orgânica na filosofia de Schelling. (Nunes, 1978, p.57)

POÉTICA DO ROMANTISMO 45

Para o romantismo a vida, a realidade, a existência mesma não podem mais ser explicadas tendo como ponto de partida e pressuposto fundamental um simulacro de leis e normas uniformizantes, mecanicistas e imutáveis que seriam responsáveis por integrar indivíduo e Natureza. Procurando superar essa visão racionalista do mundo, o sujeito do romantismo assumirá uma condição de figura de ação, tomando-se como elo central na comunicação entre o interior e o exterior, entre si mesmo e a realidade na qual está inserido, invertendo os pressupostos racionalistas e criando a sua própria Natureza – singular, individualizada e característica, perfeitamente de acordo com suas aventuras do espírito e com as imposições de um desejo artístico, estético e filosófico radicalmente transcendente. Daí a Natureza como individualidade orgânica de que fala Benedito Nunes. E do individualismo egocêntrico do sujeito surge aquela que seria a mais conhecida das características românticas: o império da subjetividade.

Dessa Natureza ideal, concebida pela reflexão e pela imaginação, afirma-se então o individualismo egocêntrico que permeia toda a visão romântica da vida, do mundo, da própria Natureza e da realidade. Tudo passa a ser pensado a partir do Eu, entregue a sua individualidade mais funda, ou seja, a sensibilidade, os estados de alma particulares a cada um acabam por assumir um papel importante na apreensão do mundo por parte do artista. Trata-se de um pensar a partir de si, ou na expressão inglesa, do *self*. A realidade exterior não pode, sob todos os aspectos, ser tomada como medida de valor absoluto. O Eu é uma dimensão profunda, reflexiva, e não mero espelho em que se reflete inadvertida e inconscientemente o mundo exterior. É o que atesta o fragmento 43 das mesmas Observações Entremescladas:

Retornar para dentro de si significa, para nós, abstrair do mundo exterior. Para os espíritos, a vida terrestre significa, analogicamente, uma consideração interior – um entrar dentro de si – um atuar imanente. Assim a vida terrestre origina-se de uma reflexão originária – um primitivo entrar--dentro-de-si, concentrar-se em si mesmo – que é tão livre quanto nossa reflexão. Inversamente, a vida espiritual neste mundo origina-se de um irromper daquela reflexão primitiva – o espírito volta a desdobrar-se – o espírito volta a sair em direção a si mesmo – volta a suspender em parte aquela reflexão – e nesse momento diz pela primeira vez – eu. Vê-se aqui quão relativo é o sair e entrar. O que chamamos entrar é propriamente sair – uma retomada da figura inicial. (Novalis, 2001, p.61-3)

Dessa forma, podemos perceber que a constituição da individualidade, do subjetivismo, do culto ao Eu romântico não teve nada de plenamente espontâneo ou casual; ao contrário, o mergulho na interioridade, a transcendência plena do Eu, a faculdade subjetiva de julgar são concepções tomadas pelos primeiros românticos da filosofia de Kant, Fichte e Schelling, como o comentário de Rubens Rodrigues Torres Filho ao fragmento 43 deixa transparecer. Segundo Torres Filho, o conceito de reflexão (*Reflexion*, no alemão) que aparece no fragmento acima é um termo técnico da filosofia transcendental de Kant e Fichte. O "juízo reflexionante" da *Crítica do juízo* conduz à descoberta de que "o princípio do gosto é o princípio subjetivo da faculdade de julgar em geral" (§35), o livre jogo pré-conceitual das faculdades, no qual Fichte buscará, algum tempo depois, a gênese de todos os conceitos.

Kant, em larga medida, é a influência principal dos filósofos do idealismo alemão – Schelling e Fichte fundamentalmente – e dos artistas, poetas, críticos e teóricos do *Frühromantik*, como Schlegel e Novalis. Assim, Benedito Nunes afirma:

> Quando entramos em Kant, não só encontramos na *Terceira crítica* um processo de fundamentação da Estética, como também uma das fontes do Romantismo, ou seja, uma das fontes da teoria romântica, uma vez que o romantismo se desenvolveu a partir de uma curiosa ligação da atividade literária ou poética com a reflexão filosófica. O Romantismo conquistou sua identidade unindo o idealismo crítico de Kant ao idealismo subjetivo de Fichte. Assim, não é sem propósito falar nas raízes filosóficas do romantismo alemão, que prosperaram, principalmente, da conjunção filosófica entre duas obras, promovida por esse movimento: *A crítica da faculdade do juízo* (Kant) e *A Doutrina da Ciência* (Fichte). (1999, p.33)

Kant, na primeira parte da *Crítica da Razão Pura* – denominada Estética Transcendental –, revela os termos de seu pensamento ao

POÉTICA DO ROMANTISMO **47**

afirmar que independentemente do modo ou da forma como um conhecimento se referirá aos objetos, ou seja, a maneira como ele se refere imediatamente às coisas, ele depende sempre da intuição, sendo que é a ela que o pensamento tende. E a capacidade de criar representações a partir do modo como somos afetados pelos objetos, pelas coisas, é o que comumente chamamos de sensibilidade. A sensibilidade passa a ser, então, uma faculdade de intuição. E é por meio dela que os objetos são tomados, absorvidos, apreendidos e determinados pelo sujeito cognoscente, isto é, pelo sujeito de conhecimento, pelo sujeito que conhece ou se aventura ao ato de conhecer.

> Portanto, pela sensibilidade nos são dados objetos e apenas ela nos fornece *intuições*; pelo entendimento, em vez, os objetos são *pensados* e dele se originam *conceitos*. Todo pensamento, contudo, quer diretamente (*directe*), quer por rodeios (*indirecte*), através de certas características, finalmente tem de referir-se a intuições, por conseguinte em nós à sensibilidade, pois de outro modo nenhum objeto pode ser-nos dado.
>
> O efeito de um objeto sobre a capacidade de representação, na medida em que somos afetados pelo mesmo, é *sensação*. Aquela intuição que se refere ao objeto mediante sensação denomina-se *empírica*. O objeto indeterminado de uma intuição empírica denomina-se *fenômeno*. (Kant, 2000, p.71)

Assim, no fragmento 102 das Observações Entremescladas, Novalis faz um registro característico (o que só demonstra a influência do pensamento de Kant sobre o seu próprio pensamento) dessa primeira tentativa kantiana de determinar sua estética transcendental e as relações entre sensibilidade, intuição, conhecimento e entendimento que se firmarão como parte do objeto da crítica romântica:

> Toda figura humana vivifica um germe individual no observador. Através disso essa intuição se torna infinita – Está vinculada com o sentimento de uma força inesgotável – e por isso é tão absolutamente vivificante. Ao observarmos a nós mesmos – vivificamos a nós mesmos.
>
> Sem essa imortalidade visível e invisível – *sit vênia verbis* – não poderíamos pensar.

48 MÁRCIO SCHEEL

Essa perceptível insuficiência da formação corpórea terrestre para tornar-se expressão e órgão do espírito ínsito é o pensamento indeterminado, propulsor, que é a base de todos os pensamentos genuínos – a ocasião para a evolução da inteligência – aquilo que nos necessita à admissão de um mundo inteligível e de uma série infinita de expressões e órgãos de cada espírito, cujo expoente, ou raiz, é sua individualidade. (Novalis, 2001, p.93)

Observar, intuir, vivificar, conceitos indispensáveis ao pensamento dos primeiros românticos, são heranças diretas do pensamento kantiano. Com efeito, a filosofia da Ilustração alemã, prefigurada em Kant, permite aos *Frühromantiker* conceber novas perspectivas com relação às artes, à estética, à criação literária e ao pensamento filosófico. É a partir de Kant que os primeiros românticos reverão o referencial, o conceitual crítico legado pelo classicismo no que diz respeito às questões do gosto, da crítica do gosto, como era praticada até então. Antes de tudo, irão rever a crença clássica na racionalidade como forma determinante da faculdade de julgar; isto é, a ideia de Verdade Absoluta dos clássicos, de Beleza e Harmonia, passa a ser, sob o domínio dos primeiros românticos alemães, artigo determinado pela subjetividade latente do pensador, do poeta, do crítico, do filósofo idealista.

Para os pensadores, artistas e poetas do classicismo europeu, principalmente o classicismo de Weimar, a Verdade ainda era um lugar sagrado, definível, que não poderia nunca, sob nenhuma condição, ser violada em seus princípios, em sua essência, em sua condição mais íntima. Isso porque a ideia neoclássica de Verdade estava permeada pelo antigo ideal greco-latino de beleza, equilíbrio, harmonia. Nas artes e no pensamento, a Verdade residia na beleza das formas, na perfeição dos traços, na harmonia nada dissonante, precisa e exata dos ritmos, dos metros, dos versos e das composições de virtuose. Os principais valores judicativos do classicismo europeu estavam calcados justamente na ideia de contenção e equilíbrio, de realização formal, de construção e domínio retórico. O pensamento filosófico segue a mesma e inabalável crença que já contaminara os artistas e os poetas. Não há Verdade que não seja produto do domínio absoluto das formas, sejam elas de construção ou de pensamento. Daí a crença dos clássicos nos grandes tratados filosóficos e estéticos que significam, no plano da expressão, a defesa dos grandes sistemas de pensamento, fechados em si mesmos, acenando para a ideia de uma representação total do mundo e das coisas. Não há Verdade para além da beleza das grandes estruturas retóricas que a arte e a filosofia clássica produziram. Nada mais justo que Keats, talvez o mais clássico dos românticos ingleses, tenha afirmado e difundido, em *Ode on a Grecian Urn*, a ideia de que *beauty is truth, truth beauty, – that is all/ Ye know on earth, and all ye need to know.*

A Verdade e a Beleza, segundo a fórmula de Keats, fundem-se a ponto de não mais podermos distingui-las em seus contornos. O ideal clássico de equilíbrio, de harmonia, de rigor e respeito às formas é um reflexo dos ideais políticos sobre os quais se sustentava o *Ancién Regime*. As monarquias absolutistas europeias cuidavam de sua manutenção no poder difundindo a ideia de que o monarca, em estreita relação com a divindade, como representante dela, poderia reivindicar para si a aura da perfeição e da justiça, do equilíbrio e do bom-senso, da retidão e da harmonia. Nada mais natural que uma crença política tão estruturada e arraigada no inconsciente das pessoas acabasse por contaminar também o espírito e as artes de uma forma generalizada. A ideia de Verdade e Beleza associadas ao equilíbrio e à harmonia artísticas promovem o controle do imaginário e facilitam o surgimento dos valores judicativos próprios do classicismo, em que o gosto, ou um pretenso bom gosto, nada mais representa, em última instância, do que o elogio do jogo retórico, no qual um possível significado profundo é abandonado, ou posto de lado, pelo exercício puro e simples da construção, do ornamento, da linguagem que se esvazia de sentidos latentes para incidir somente sobre suas possibilidades de articulação.

É o que Benedito Nunes, em *Hermenêutica e poesia*, caracteriza muito bem ao afirmar esse predomínio da razão, do racionalismo puro, sobre a criação artística e sobre o pensamento de uma forma geral:

> A uniformidade da razão teve por fundo a ideia de natureza. Tanto o classicismo quanto a realidade natural servem de regra ou de modelo à arte. A razão é a norma, e a Natureza, o valor. A Natureza é objeto de

imitação; a ela se deve o tipo genérico, que a arte visa, além das verdades evidentes e do respeito pela ordem das coisas, obtido graças à simplicidade e à economia de meios. Também a Natureza, palavra então fugidia, é concebida como motivo de expressão do artista, quando sem artifícios. E será, enfim, considerada como tudo o que é universal no pensamento, no sentimento e no gosto. (1999, p.26)

Com os românticos, a natureza alcança uma dimensão singular, que se manifesta a partir do pensamento, da reflexão e da intuição sensível do indivíduo. Isso faz com que ela ganhe um estatuto simbólico, sempre fluido, movente, particularizado. Ao contrário do classicismo, no qual a natureza apresenta um caráter imutável, permanente e estável, já não se trata mais, para os românticos, de usar a poesia como instrumento de representação objetiva, racionalizada e totalizante da natureza, mas de percebê-la a partir dos movimentos do espírito, das mediações simbólicas da palavra poética. Desse modo, os românticos alemães incorporam a suas obras – e as suas reflexões críticas – o ideal de individuação, no qual determinados elementos da natureza, do mundo e do próprio pensamento se destacam do todo, oferecendo-se de forma distinta e única tanto à reflexão quanto à arte, privilegiando nuances, peculiaridades, aspectos antes insondáveis do objeto sobre o qual se debruçam. O livre jogo da individuação, que faz com que a totalidade do mundo e do pensamento irrompa em partes cada vez mais independentes, leva à busca de mecanismos reflexivos e formas de expressão inovadoras, que possam, elas mesmas, atuar significativa e originalmente sobre os objetos que, de algum modo, analisam, apresentam ou refletem. Novalis e Schlegel intuíram que a multiplicidade de novas idéias, princípios e perspectivas que surgiam acerca da natureza, do mundo, do indivíduo, da poesia e do fenômeno literário solicitavam um novo modelo de reflexão teórica, de pensamento crítico, que fosse capaz de se apresentar, ele mesmo, como pura singularidade. O fragmento literário representa, então, o ideal primeiro romântico de individuação das formas artísticas e da reflexão crítica, que se fundamentam, agora, nos pressupostos da originalidade, da inovação e, sobretudo, da reinvenção dos modelos críticos, teóricos e criadores que se vinham praticando até então.

3
ALGUMAS COLOCAÇÕES SOBRE O FRAGMENTO LITERÁRIO

A característica essencial do movimento romântico diz respeito ao seu caráter libertário, inovador, às vezes inconsequente, mas sempre preocupado com a busca de outros modelos de criação artística, estética, de novas formas expressivas. O romantismo não foi só o cenário no qual o mundo viu se desenrolarem os dramas do amor, da consciência e da forma, nem simplesmente o lugar ideal para o surgimento dos novos Estados Nacionais e do enraizamento dos ideais nacionalistas surgidos com a Revolução Francesa. O romantismo, principalmente o primeiro romantismo alemão – de Novalis e dos irmãos Schlegel – foi o momento de repensar os caminhos estéticos que a arte até então havia trilhado, caminhos que seguiam sob o signo dos antigos modelos clássicos, em que os conteúdos significativos deveriam permanecer subordinados às formas fixas, normatizadas pelos grandes tratados estéticos, para que a obra alcançasse a condição do Belo Verdadeiro (resquício das doutrinas platônicas de compreensão do objeto artístico), quase sempre determinado pelo gosto, mecanismo altamente abstrato, subjetivo e arbitrário de valoração estética.

Essa procura por novas maneiras de expressão estava associada também ao espírito radicalmente livre que os artistas do *Frühromantik* compartilhavam com os filósofos do idealismo alemão, principalmente Schelling e Fichte, e com alguns dos representantes do pensamento ilustrado. A necessidade de repensar o mundo, de lhe dar formas, de construí-lo para além de sua própria concretude imediata, se o quisessem compreender profundamente, já era uma preocupação sobre a qual se voltaram Kant, Rousseau e outros representantes da filosofia de fins do século XVIII e início do século XIX.

Os primeiros românticos herdam esse interesse investigativo e transformador de alguns filósofos iluministas, mas não concebem, em si mesmos, a crença inquebrantável na razão e no racionalismo científico a que se propunham esses mesmos filósofos. Ao contrário, Rousseau, por exemplo, é tido como um dos mais importantes precursores do romantismo, no que se refere à criação literária: subjetivismo, devaneio e sentimento definem obras como *Reverie Du Promeneur Solitaire, Confissões* e *Nova Heloísa*. Entretanto, no que diz respeito à configuração de um pensamento teórico e crítico, os primeiros românticos associarão o idealismo subjetivo de Fichte ao idealismo crítico de Kant para firmar o processo de compreensão do mundo, das artes, das questões estéticas e filosóficas que surgiam.

A diferença reside no fato de que os escritores, poetas, críticos e filósofos do *Frühromantik* buscavam não apenas representar o mundo, mas libertar-se dele também; não simplesmente compreender o mundo, mas ganhá-lo e ser por ele admitido incondicionalmente. A liberdade romântica experimenta um grande conflito quando seus muitos representantes descobrem que não se pode compreender ou ganhar o mundo e que, essencialmente, não se pode dominá-lo, mas apenas vivenciá-lo como experiência estética, recriando-o artisticamente.

A partir daí, quem se liberta é o espírito, e o primeiro romantismo passa a ser percebido como um movimento estético paradoxal, já que seus representantes se voltarão, a um só tempo, sobre as questões artísticas, filosóficas e críticas que envolvem o seu tempo, e a matéria fundamental de suas obras, a saber, a linguagem, enquanto procuram empreender, no mais íntimo de si mesmos, uma fuga para as regiões sensíveis da alma. Daí o paradoxo: como é possível ligar-se às questões artístico-literárias de seu tempo, como é possível repensar a linguagem em suas dimensões mais fundas, e ainda empreender uma fuga, instituir o escapismo como forma de enfrentar o mundo?

POÉTICA DO ROMANTISMO 53

O romantismo é, então, a escola que procura expressar os dramas todos da alma e do universo humano, completamente, sem, no entanto, subjugar-se à realidade durante esse processo. Assim, surge um ideário estético altamente individualista, em que cada um de seus autores criará um "eu lírico", uma forma de representação autocentrada, voltada sempre sobre si mesma, em conflito direto com o mundo que busca representar.

Há um descompasso entre os movimentos da alma, profundos, distintos de qualquer outra experiência interior, e o mundo em que se encontra o artista romântico. Daí a pensarmos em uma escola, em um movimento literário cujo desejo de expressão é orientado pelo egoísmo do Ser, um egoísmo que não tem nada a ver com a ideia vulgar que fazemos dele, aquela em que só nos preocupamos conosco, com nosso destino, com nossos interesses pessoais. Ao contrário, há romantismos que foram marcadamente nacionalistas desde sua gênese, como o alemão, preocupado com a constituição de uma nação, de um Estado Nacional representativo de todo um povo, mas que, no plano do indivíduo, não se privou de ter seus representantes girando em torno de seus próprios dramas, tornando as experiências de um eu-lírico rebelde e intransigente algo geral, de domínio público. Assim, encontramos em Nicolai Hartmann, no seu livro *A filosofia do idealismo alemão*, um comentário esclarecedor:

> Também os valores e objetivos morais se deslocam nos românticos. Desterrado para os limites que lhe foram circunscritos, o Eu individual tem tão pouco valor como o teria se de acordo com o seu destino se reduzisse à sua missão social. Possui a sua própria e eterna verdade que deve cumprir e leva consigo o seu mundo, o seu destino. Não é um individualismo cego e egoísta que dita estes pensamentos mas sim o sentimento vivo do valor próprio da individualidade humana, do carácter único e irreparável do instante, mais, de toda a vida humana. Faz parte da coragem do individualismo viver por si próprio, verdadeiramente, sem máscara nem mentiras – não indisciplinadamente mas sim na disciplina do próprio ser real –, e o romântico pretende ter encontrado esta coragem. (1983, p.190)

Aos primeiros românticos, por conta de suas tendências artísticas e filosóficas, só era válida a experiência particular, individual, como forma de compreender o mundo, de relacionar-se com ele, ou mesmo de fugir aos seus desígnios e imposições, às suas proibições e restrições, tão incompatíveis com o espírito radicalmente livre do movimento. Há, no primeiro romantismo, uma espécie de recuperação do ideal platônico de ligação com o mundo. O universo real, aquele que nos cerca e com o qual interagimos diariamente, é corrompido, punitivo e opressor, absolutamente contrário a qualquer aspiração romântica. A arte representa assim uma forma de escapar ao mundo, de dar-lhe formas mais ou menos adequadas aos movimentos de alma do indivíduo.

Mas nada é tão simples como pode parecer à primeira vista. A liberdade romântica do espírito leva os autores aos grandes dramas da forma, ao impasse entre os movimentos de alma e seus modos de representação. As formas tradicionais de expressão já não eram suficientes para dar vazão a todos os impulsos do espírito romântico, a toda a vontade de liberdade que lhe foi característica. Isso é notório, especialmente, em países como a Alemanha, que veria o primeiro romantismo criar uma nova forma de expressão – o fragmento literário – justamente na tentativa de aliar uma maneira absolutamente livre de perceber o mundo, esse movimento de alma romântico, com uma forma igualmente livre de representação ou, melhor dizendo, de apresentação, pois o que está em jogo agora não é simplesmente fazer da linguagem e das formas de expressão mecanismos pelos quais o mundo e o pensamento fixam seus contornos no interior da obra, mas sim de permitir que o gesto reflexionante coloque em jogo uma leitura do mundo que está permanentemente em obra, que se abre e desdobra ao infinito, de forma incondicionada, a partir da poiesis criadora.

No ensaio *O romantismo*, o crítico e historiador da literatura Werner Kohlschmidt afirma que tanto o iluminista como o clássico exige uma forma homogênea e coesa, e os poetas do *Sturm und Drang*, décadas antes, e os do *Frühromantik*, depois, precisavam, de acordo com sua concepção do mundo e da arte, superar as tradicionais possibilidades normativas da forma. E o autor continua, demonstrando que isso significa que uma considerável parte das obras está necessariamente destinada a permanecer fragmentária, desde que, em última análise, o desejo de expressão do romantismo é frustrado pelo indizível.

POÉTICA DO ROMANTISMO 55

Desse impasse entre o desejo de representar, de dar forma ao mundo esteticamente, com liberdade e furor, e as restrições das formas clássicas de expressão surge aquela que seria, ao menos na Alemanha, a grande forma de expressão, de realização artística, crítica ou literária do primeiro romantismo: o fragmento literário. Não que este já não existisse, por exemplo, vindo da filosofia greco-latina, na forma de aforismos, mas os alemães recuperarão, sob muitos aspectos, a glória perdida do aforismo, alterarão sua estrutura mais íntima e o difundirão como forma de expressão não mais filosófica apenas, mas literária, crítica e poética também.

Os primeiros românticos alemães olhavam com interesse para as grandes obras que a cultura helenística legara à tradição filosófica, artística e literária. No início, em suas primeiras publicações, Schlegel e Novalis, sobretudo o primeiro, afirmaram sua crença no ideal de totalidade que emanaria dos clássicos. Nesse momento, tal ideal ainda norteava a perspectiva crítica e teórica dos primeiros românticos; isso porque, entre outras coisas, eles entreviam nessas obras o caráter modelar de representação plena e integral do mundo, que se pode divisar por trás do conceito grego de *mimesis*, forma estética de apreender o real no que ele tem de absoluto e totalizante. O que equivale a dizer: em um primeiro momento, Schlegel via nos clássicos uma espécie de paradigma da criação estética porque ainda estava sob a influência determinante das ideias preconizadas por Schiller, um dos representantes do classicismo de Weimar. Schlegel ainda acreditava na organicidade histórica, que se definiria por sua capacidade de representação plena, total, contínua; na unidade igualmente totalizante dos discursos representativos, principalmente aqueles da expressão estética; na possibilidade de objetivar, de direcionar a poesia moderna no sentido de constituir-se como essa unidade totalizante alegada, como forma de representação plena do mundo, dos seres e das coisas.

A propósito de um ensaio de Friedrich Schlegel, em que ele comenta a poesia moderna, afirmando que ela ainda não alcançara nenhum objetivo firme, uma formação com direção definida, permanecendo um todo sem unidade, carente de organicidade histórica, Willi Bolle faz o seguinte comentário:

56 MÁRCIO SCHEEL

A ideia do fragmentário como característica da Modernidade nasce do
confronto com os Antigos; ela está implícita no ensaio de Schlegel sobre
a poesia grega...

Pouco depois ocorre em Schlegel uma reorientação radical (em
1796/97, quando vive em Iena, onde se dá também a rivalidade e a ruptura
com Schiller); o fragmentário da arte moderna deixa de ser visto por ele
como uma imperfeição diante da totalidade dos clássicos, para se tornar
uma profecia do futuro. Schlegel opta pelo fragmento como forma predileta
do seu pensamento. (1994, p.35-6)

A partir da ruptura com Schiller, Schlegel reverá suas próprias
ideias, principalmente aquelas em que afirmava sua crença nos modelos de representação dos clássicos. Não é mais a apreensão total
e mimética da realidade que deve interessar ao artista. O modelo já
não deve ser mais o da totalidade, o da teleologia, o da continuidade
absoluta em busca do todo. Ao contrário, trata-se agora de pensar
em termos de ruptura, cisão, crise e descontinuidade. Trata-se de
encontrar uma forma de representação discursiva que esteja de acordo com esse novo pensamento teórico, crítico e filosófico acerca do
mundo, dos seres, das coisas e das artes; que esteja em sintonia com
o ideal de rompimento que a poesia moderna deve ensaiar em relação
aos modelos tradicionais de exposição, ou seja, os modelos definidos
pelo pensamento clássico. Schiller criticava o fragmentário da arte
moderna. Schlegel, por sua vez, perceberá que o fragmentário nada
mais é do que o estilhaçamento daquela totalidade perdida. É preciso
buscar novas formas de escritura, é preciso encarar outros aspectos da
tradição. Nessa busca, os modelos paradigmáticos passam a ser, por
um lado, aqueles que o próprio processo histórico fragmentou e, por
outro, aqueles que escolherão, conscientemente, o fragmentário como
possibilidade de expressão.

Entre as obras historicamente fragmentadas, pode-se destacar boa
parte do pensamento filosófico da Antiguidade Clássica Grega: de
Tales de Mileto (625/4 - 558 a.C.) a Demócrito de Abdera (460 - 370
a.C.), passando por Pitágoras (580/78 - 497/6 a.C.), Heráclito de
Éfeso (540 - 470 a.C.) e Zenão de Eleia (504/1 - ? a.C.) – em resumo,
todos os que constituem o escopo do pensamento grego anterior à

POÉTICA DO ROMANTISMO 57

Sócrates (470/69 - 399 a.C.). Os pré-socráticos foram os primeiros filósofos, ou seja, os primeiros homens que buscaram compreender a *physis*, a "natureza" e suas implicações sobre o próprio ser; a *areté*, a virtude como bem último a ser alcançado; o *logos*, como o discurso da razão. Os historiadores da filosofia afirmam que a importância desses filósofos reside muito mais no fato de terem sido os primeiros a expressar, de forma mais ou menos sistemática, o interesse pelas questões do pensamento, da natureza e da origem das coisas, do que em suas obras propriamente ditas, já que a maioria delas se perdeu irremediavelmente, e as que resistiram ao tempo o fizeram de forma absolutamente fragmentária. Assim, na introdução ao volume *Pré-socráticos*, José Cavalcante de Souza afirma:

> Os escritos desses primeiros filósofos na íntegra se perderam todos, como a maior parte da riquíssima literatura grega. O que sobrou deles foram pequenos trechos, às vezes o correspondente a uma página, às vezes pedaços de frases, às vezes uma palavra, inseridos em textos que séculos depois (IV séc. a.C. - VI séc. d.C.) se escreveram e que, alguns por acaso, se salvaram. (2000, p.35)

É justamente na ruína textual legada pelos pré-socráticos, nos escombros escriturais a que o tempo reduziu o sistema de pensamento grego que os primeiros românticos alemães encontrarão a forma de expressão mais coerente com seus impulsos revolucionários de cisão e ruptura com a tradição; uma forma de manifestação artística, um gênero discursivo absolutamente novo, em descompasso com os ideais clássicos que pregavam o rigor e o respeito às normas de composição e aos gêneros consagrados como grandes modelos de representação desde a Antiguidade. O fragmento literário como gênero, forma, padrão de escritura surge, sob um determinado aspecto, como um tipo de paradoxo: a rejeição aos modelos clássicos de composição fundamenta-se, sobretudo, no olhar acuradamente crítico para a própria tradição clássica. Trata-se de um olhar para a tradição legada pela Antiguidade por outras vias que não aquelas trilhadas pelos representantes do classicismo, por exemplo. A opção pelo fragmento literário é, ao mesmo tempo, a busca por uma nova escritura, por uma nova forma de criação,

58 MÁRCIO SCHEEL

e uma provocação declarada, o signo maior da ruptura com um ideal de realização, de criação estética que já se esgotara.

O fragmento deixa de ser uma forma imperfeita, de acordo com os modelos normativos do gosto clássico, e ganha o estatuto de gênero literário, de forma potencializada de investigação teórica, crítica e filosófica do ser e, sobretudo, da arte, em uma tentativa de apreender o momento, o instante em que essas duas entidades passam a se fundir e confundir por meio do pensamento e da *poiesis* criadora. Desse modo, o fragmento literário representa um gênero por meio do qual os poetas e teóricos do primeiro romantismo alemão exercerão, com plena liberdade e voz original, suas faculdades críticas:

> Schlegel não é um introdutor, nem inventor da forma do fragmento. Na Alemanha, esta forma foi usada por Lavater e Lessing; na França por Chanfort, La Rochefoucaud, Pascal, Montaigne. É um gênero muito apropriado para a crítica – instantâneos de caracteres sociais, retratos em miniatura, de grande precisão...
>
> Sobretudo nas mãos de Schlegel, o fragmento torna-se o "gênero por excelência do romantismo teórico" (Lacoue-Labarthe/Nancy, p.58). O fragmento como forma de expressão característica da modernidade.
>
> No fragmento se expressa o conceito de crítica, basilar no Romantismo alemão: a reflexão sobre o próprio fazer poético, a atitude autorreflexiva; a relação entre arte e crítica, a crítica como arte. (Bolle, 1994, p.37-8)

Entre aqueles que escolherão de forma consciente o fragmentário como possibilidade de expressão, como modelo de escritura, como gênero discursivo, encontram-se principalmente Lessing, na Alemanha, e os moralistas franceses, sobretudo Chanfort, La Rochefoucaud, Pascal e Montaigne, que foi, na verdade, o criador do ensaísmo moderno e não um adepto das máximas, dos pensamentos e dos aforismos como gênero ou forma de escritura. De um modo geral, o que atrai a atenção de Schlegel para os moralistas franceses não é só a concisão expressiva do aforismo ou da máxima filosófica, mas sobretudo aquelas que seriam as características marcantes desse gênero: a espirituosidade, o humor, a ironia que marcam grande parte das frases – em geral, o aforismo e a máxima não passam mesmo de uma única frase que se atomiza e

POÉTICA DO ROMANTISMO 59

potencializa todos os sentidos – presentes nas obras dos moralistas franceses. É o próprio Schlegel, em *Über Lessing*, fragmento publicado na revista *Lyceum der Schönen Künste*, de 1797, quem nos dá a medida da importância de Lessing para sua teoria do fragmento:

> O mais interessante e mais profundo em seus escritos são indicações e alusões, o mais maduro e mais perfeito são os "fragmentos de fragmentos". O melhor que Lessing diz é o que ele, como que adivinhando e inventando, joga em algumas palavras bem colocadas, cheias de energia, espírito e sal; as palavras nas quais frequentemente as regiões mais obscuras do espírito humano são iluminadas, de repente, como que por um relâmpago, o mais sagrado é expresso com a máxima ousadia, beirando o sacrilégio, e o mais universal, de maneira muito singular e humorosa. Isoladas e compactas, sem análise de demonstração, apresentam-se suas sentenças, como axiomas matemáticos; e seus raciocínios mais concisos costumam ser apenas uma corrente de espirituosas intuições. (apud Bolle, 1994, p.37)

A ironia e o *Witz* (chiste) são, para Novalis e Schlegel, uma forma de revelação, uma genuína manifestação do pensamento capaz de iluminar "as regiões mais obscuras do espírito humano". A ironia, em Lessing, revela-se, de acordo com Schlegel, nas "palavras bem colocadas, cheias de energia, espírito e sal". A atração de Schlegel por Lessing e pelos moralistas franceses não se dá, então, apenas pela proximidade, no plano formal, entre o fragmento literário e o aforismo, a máxima ou pensamento, mas também, no plano da expressão, pela adoção da ironia como uma abertura para a reflexão, para o ato reflexionante, que é uma forma de aproximar-se do absoluto, do incondicionado, daquilo que ainda não é – verdade alheia a toda definição.

De acordo com Márcio Seligmann-Silva, em *Ler o livro do mundo*:

> A ironia encerra, portanto, um movimento tenso: por um lado, a tomada de consciência dos limites da linguagem e, por outro, o impulso para se atingir o "incondicionado", o "absoluto". Ela gera, portanto, uma alternância, um ir e vir entre esses dois polos, que F. Schlegel definiu num dos seus fragmentos da *Athenaeum* como uma alternância (Wechsel) entre a "autocriação e a autoaniquilação" (KA II, p.172). Enquanto criação, a ironia é "epideixis [exibição] do infinito, da universalidade, do sentido

60 MÁRCIO SCHEEL

para o todo do mundo" (KA XVIII, p.128); e enquanto destruição ou aniquilação, "a ironia é uma permanente parábase" (KA XVIII, p.85) [...] A ironia, portanto, representa ela também uma *interrupção*, uma pausa, *um momento no processo* incessante da reflexão no seu movimento de alternância – pois existe reflexão sem esse movimento ("toda reflexão [...] é uma ação de quebra", WII 122) e, para os românticos, como Benjamin o notou, não existe ser fora da reflexão. A ironia – bem como a tradução, como vimos – constitui uma das manifestações da concepção romântica do ser como reflexão. (1999, p.37-8)

Desse modo, uma das características marcantes do fragmento literário é essa dupla visada a partir da qual se orienta: de um lado, a influência decisiva da Antiguidade Clássica, mas agora sob o viés de outros modelos que não aqueles consagrados pela história (da épica de Homero às tragédias de Sófocles); de outro, a relação com as formas contemporâneas de expressão: os aforismos e as máximas filosóficas – sínteses atomizadas de pensamento que se estruturam em frases perfeitas, exatas e encerradas sobre si mesmas, que transformam a ironia em seu ponto de apoio, sua abertura para a reflexão, para a ambiguidade, para a polissemia, que estão na origem do ideal poético romântico:

A noção romântica de ironia, portanto, se, por um lado, reafirma a concepção de alegoria, no seu sentido de abertura para o infinito, por outro, ela também problematiza o acesso ao absoluto. Peter Szondi, desse modo, definiu com as seguintes palavras o indivíduo que está na origem deste conceito: "O sujeito da ironia romântica é o isolado que volta sobre si mesmo e a quem a consciência roubou a capacidade de ação. Ele aspira à unidade e ao infinito, o mundo aparece a ele alcantilado e finito. O que é denominado de ironia é a tentativa de enfrentar a sua situação crítica por meio do distanciamento e da desvalorização. Ele ambiciona ganhar um ponto de vista fora de si através da reflexão sempre mais elevada à potência para superar no nível da aparência a fenda entre o seu eu e o mundo". (idem, p.38)

No fragmento 36 das Observações Entremescladas, uma das seções de *Pólen*, de Novalis, encontramos uma definição bastante a propósito em relação ao conceito de ironia e sua importância para o pensamento e a criação dos primeiros românticos:

POÉTICA DO ROMANTISMO 61

O que Schlegel tão rigorosamente caracteriza como ironia não é, segundo meu parecer, nada outro – senão a consequência, o caráter da genuína clareza de consciência – da verdadeira presença de espírito. O espírito aparece sempre apenas em forma *alheia, aérea*. A ironia de Schlegel parece-me ser genuíno humor. Vários nomes são proveitosos a uma ideia. (2001, p.59)

Para entendermos a importância do conceito de ironia para Novalis e Schlegel, basta considerarmos a nota explicativa de Rubens Rodrigues Torres Filho do fragmento 36: na referida nota, o filósofo demonstra que o fragmento de Novalis faz referência direta ao fragmento de Schlegel publicado no *Lyceum der Schönen Künste*, em que o teórico alemão afirma que a ironia socrática é a única dissimulação (*Verstellung*) inteiramente involuntária e, no entanto, inteiramente consciente (*besonnene*). Segundo Torres Filho, a tomada de posição em relação ao conceito romântico de "ironia" consiste em reinterpretá-la como "humor" e liga-la à *Besonnenheit*, que deve ser entendida como "presença de espírito", "clareza de consciência", uma perífrase criada por Torres Filho que tenta traduzir a "única postura genuinamente filosófica, de lucidez, vigília, autoconsciência" (cf. as notas 37 e 57 da tradução de Rubens Rodrigues Torres Filho dos fragmentos de Novalis, 2001, p.208 e 211).[1]

Besonnenheit significa, também, circunspecção, essa atitude rigorosamente filosófica de examinar as coisas, os objetos, o mundo, os conceitos e as ideias por todos os ângulos e perspectivas possíveis. E a partir desse comentário podemos compreender a importância que Novalis e Schlegel davam à ironia como uma característica essencial de todo gesto verdadeiramente filosófico. Assim, não é por acaso que Novalis afirmará que a ironia é "o caráter da genuína clareza de consciência, da verdadeira presença de espírito". A força reflexiva da ironia consiste, justamente, nessa iluminação, nessa revelação insuspeitada

---

1 Na nota 37, Torres Filho explica, muito a propósito, a formação da palavra *Besonnenheit*: formada a partir do verbo reflexivo *sich besinnen* (que pode também significar "voltar a si", "recobrar os sentidos"), beneficia-se ainda da homofonia com o verbo *besonnen*, que significa "iluminar", "ensolarar".

da consciência ao exprimir o pensamento. A ideia de ironia, aqui, está completamente desligada da ideia contemporânea de ironia como forma de desqualificação do outro – das perspectivas ou dos argumentos alheios – pela piada, pela graça, pelo dito humorístico, vulgar, da mesma forma em que se opõe ao conceito socrático de ironia.

A ironia, em Sócrates, era um ardil ao qual o filósofo recorria para fazer com que seu interlocutor revelasse a própria ignorância, se perdesse em suas próprias afirmativas, até ser capaz de reconhecer o erro e o engano de suas certezas; era uma forma de abalar as errôneas ideias sobre as quais as pessoas concebem sua própria imagem e a imagem do mundo e das coisas. A ironia socrática tem uma força catártica que acena sempre para a reconstrução do pensamento sobre as bases de uma nova verdade, de uma nova consciência, de um novo conjunto de ideias; ela firma-se como um meio de vencer o obscurantismo e os equívocos de determinadas ideias, conceitos, crenças e afirmações, buscando reaproximar a alma de si mesma, de sua verdade essencial. No primeiro romantismo alemão, a ironia tem esse poder avassalador de iluminar e destruir todas as certezas, mas também é um instante de genialidade, de enfrentamento, de tomada de consciência de si mesmo, o momento em que a essência do pensamento se revela a partir de sua autolimitação, oscilando, de forma paradoxal, entre a crença no poder de criação e o ceticismo quanto à possibilidade real de todo conhecimento. É o que podemos perceber a partir da colocação de Márcio Seligmann-Silva:

> No plano das obras poéticas, como notou Ernst Behler, a ironia implica uma alternância entre o entusiasmo e o ceticismo quanto à própria faculdade produtiva do poeta. No âmbito estético, a ironia destrói a ilusão da totalidade, gera também um distanciamento reflexivo, como ocorre em autores como Diderot (no seu *Jacques Fataliste*), Cervantes (sobretudo na segunda parte do *Dom Quixote*) e Laurence Sterne, autores estes que gozaram de uma alta estima por parte dos românticos.
>
> Enquanto a alegoria romântica está ligada à "autocriação" de que Schlegel fala, a ironia abarca também a "autolimitação", ou autoaniquilação, que estava relacionada tanto para este autor como para Novalis, à noção de *Witz*. O *Witz* é, contrariamente à alegoria, um fenômeno pontual [...]. O

POÉTICA DO ROMANTISMO 63

Witz é caracterizado como uma *"ars* combinatória [...], arte de invenção" (KA XVIII, p.124). Por ele ser pontual e ser marcado pelo seu caráter de *Einfall* ("achado", "ideia que irrompe", numa tradução analítica, ou "pensamento sintético", WII 580, segundo o próprio Novalis), ele está vinculado à fantasia e a sua marca temporal é a do momento: *"Witz* é a aparição, o raio exterior da fantasia" (KA II, p.258); *"Witz* é o espírito de sociabilidade incondicionado, ou genialidade fragmentar" (KA II, p.148). (1999, p.38-9)

Sob vários aspectos, ironia e *Witz* estão indissociavelmente ligados à ideia de irrupção: da consciência, do espírito, do ser, na linguagem. Irrupção que é desvelamento, revelação das instâncias mais fundas do pensamento no plano da expressão. E tanto a ironia quanto o *Witz* têm um caráter de absoluta imprevisibilidade, de total momentaneidade; a busca do sujeito por um "entrecruzar instantâneo ente a história e o Absoluto" (idem, p.39). E esse é mais um dos paradoxos do primeiro romantismo alemão: desejo de reencontrar o Absoluto, a totalidade perdida – que chegaram a entrever na tradição clássica, antes de romperem com ela – por meio da dispersão, do instantâneo, do fragmentário, ainda conforme Márcio Seligmann-Silva:

> A ironia, portanto, com este movimento reflexivo que lhe é carac-terístico, engendra dentro da busca da unidade uma crítica constante da possibilidade de se estabelecer esta unidade: "Ironia é a forma do paradoxo" (KA II, p.153) – ou seja, oxímoro, da aproximação do pontual com o Absoluto. A consequência deste conceito, no plano da exposição (*Darstellung*) das ideias, foi a teoria e o uso romântico do fragmento como forma. (idem, p.39-40)

Muito mais do que simples forma, o fragmento literário torna-se o gênero de veiculação e vindicação do pensamento filosófico, crítico, teórico e criativo dos primeiros românticos alemães. Gênero aberto, a oferecer uma eterna impressão de inacabamento que, no plano formal, representa a partição, o estilhaçamento de uma totalidade constantemente buscada, mas decisivamente perdida. O fragmento é uma tentativa de reaproximar o sujeito igualmente estilhaçado do

64 MÁRCIO SCHEEL

romantismo do Absoluto que lhe é sistematicamente negado. O fragmento literário é o gênero por meio do qual a poesia, a ironia e o *Witz* se abrem para o pensamento, a crítica e a teoria; é o suporte em que se manifesta o encontro entre criação – *poiesis* – e investigação filosófica, entre crítica e arte.

O fragmento literário é uma espécie de escritura original surgida, como já vimos, do diálogo com as ruínas literárias e filosóficas dos pensadores pré-socráticos e com a modernidade entrevista no estilo livre dos grandes moralistas franceses – os primeiros a aproximar ironia, espirituosidade e pensamento sintético. Assim, o gênero expressivo adotado por Novalis representa o desejo de encontrar uma forma de exposição, ou melhor, de apresentação, que significasse, ela mesma, uma descontinuidade, uma ruptura tão radical com os ideais artísticos e estéticos do classicismo quanto o pensamento crítico e teórico que anunciava. O fragmento literário passa a ser uma escritura de oposição, defesa e resistência: oposição ao ideal de sistema totalizante, de percepção total e verdadeira do mundo; defesa de uma nova forma de buscar e apreender o absoluto por meio do recorte fragmentário, da síntese, da atomização dos sentidos; resistência à ideia de uniformidade e normatização das formas e dos gêneros como fatores determinantes do gosto e do juízo estético que até então imperava.

O fragmento literário tem de ser uma semente a germinar por si mesma, em si mesma. Desse modo, não é à toa que a coletânea de fragmentos publicada por Novalis, graças à intervenção de Schlegel, na revista *Athenaeum*, em 1798, chamava-se, justamente, *Blüthenstaub* – ou *Pó de florescência*; ou *Pólen*, na tradução precisa de Torres Filho. A metáfora guia-nos à compreensão do fragmento como uma síntese perfeita, uma manifestação potencializada do pensamento que depende de sua própria concisão, de sua inviolável imediatez, de sua completa pontualidade para germinar – ou seja, para desenvolver-se enquanto reflexão que leva à reflexão, em um processo constante que depende, sempre, da relação que um fragmento estabelece com todos os outros fragmentos. E essa relação impõe-se na medida exata do risco anunciado de que algumas dessas reflexões simplesmente não "germinem". Novalis escreve, no fragmento 104 das Observações

POÉTICA DO ROMANTISMO   65

Entremescladas: "A arte de escrever livros ainda não foi inventada. Está porém a ponto de ser inventada. Fragmentos desta espécie são sementes literárias. Pode sem dúvida haver muito grão mouco entre eles – mas contanto que alguns brotem" (2001, p.93).

A arte de escrever livros de que fala Novalis, a arte que "está por ser inventada" diz respeito ao próprio fragmento, à poética do fragmentário que Novalis ensaiava em seus escritos. A metáfora da semente, da germinação, da florescência, recorrente em vários excertos, acaba transformando-se em um símbolo completo e perfeito do fragmento literário enquanto gênero em formação, forma expressiva por meio da qual o pensamento e a criação se manifestam como partes de uma totalidade que só pode ser vislumbrada nos interditos da própria fragmentação, nos limites unívocos que fazem de cada fragmento uma unidade singular, um projeto de escritura que se inscreve no *Jetztzeit*[2], o tempo-de-agora, mas cujo sentido final só pode ser compreendido como devir a estabelecer a relação entre cada fragmento e a totalidade buscada que, paradoxalmente, se frustra na própria busca:

> Assim como no âmbito *teórico*, os românticos chegam à conclusão de que só é possível se atingir uma lucidez pontual: no plano da *forma* da exposição passa-se o mesmo. "A minha filosofia", escreveu Friedrich Schlegel em 1797, "é um sistema de fragmentos e uma progressão de projeto" (KA XIII, p.100). E veja-se ainda esta sua "paradoxal" autodefinição: "*Eu sou um sistemático fragmentário*" (KA XIII, p.97). Esta fragmentação do pensamento é sistemática na mesma medida em que ela não é só um jogo subjetivo, mas também objetivo: "Um verdadeiro sistema de fragmentos deveria ser AO MESMO TEMPO subjetivo e objetivo" (KA XVIII, p.98). "Ao mesmo tempo" porque esse "sistema" constrói, delineia, "ao mesmo tempo", os dois territórios necessários para que se possa falar de conhecimento, a saber: o território do objetivo e o do subjetivo. O fragmento é a manifestação no âmbito da exposição teórica da impossibilidade de acesso ao "todo", ele visa à concretização do *Witz*, o encontro do Ideal com o real, que não pode nunca se cristalizar totalmente. Pois o "todo" é a soma, o *resultado* dos encontros entre os fragmentos "do mundo"

---

2 Conceito criado por Walter Benjaminn. Cf. Seligmann-Silva, 1999, p.40.

e "da linguagem". O "todo" é uma cadeia de Projetos. "Um projeto é uma semente subjetiva de um objeto em devir", afirmou Schlegel, que definiu neste mesmo fragmento da *Athenaeum* a noção de Projeto como a de "fragmentos do futuro", sendo que ambas as noções – a de fragmento e a de projeto – movimentam-se, portanto, no campo transcendental: "Já que transcendental é justamente o que se vincula à ligação ou separação do Ideal com real" (KA II, p.1685). (Seligmann-Silva, 1999, p.40)

Assim, no fragmento 188 de *Pólen*, encontramos a afirmação de Novalis: "Tudo é semente" (2001, p.159). E não é difícil notar, nesse tom imperativo que o axioma denota a ideia de que crítica, teoria, criação, pensamento estético e filosófico só existem em função dessa florescência, dessa germinação que busca, pelo fragmentário, a essência absoluta do mundo, dos seres, das coisas e da própria linguagem. A generalização expressa nessa ideia de absoluto é justamente o que há de mais transcendental nesse processo de fragmentação que atinge diretamente a ideia e a sua forma de expressão. "Tudo é semente" na exata proporção em que tudo se configura como um eterno vir-a-ser. Desse modo, há uma sintonia perfeita entre o pensamento estético e filosófico dos primeiros românticos, no plano das ideias, e entre o gênero discursivo que engendram, no plano da apresentação. A metáfora da semente simboliza, ao mesmo tempo, o fragmento como o lugar primordial para a germinação das ideias e como o gênero inacabado que espera florescer.

O gênero inacabado

A razão dessa verdadeira paixão pelo fragmento literário diz respeito à enorme liberdade que ele proporciona ao escritor e crítico. Há intensidade e profundidade naquilo que os fragmentos visam discutir ou expressar, sem que tenha de haver necessariamente a obediência a uma ordem lógica de construção do discurso, como acontece com o ensaísmo, por exemplo. O fragmento não espera sequência ou consequência. Organizam-se as ideias em frases, conjuntos de frases, impressões, sensações, perspectivas e pontos de vista, sem ter de

POÉTICA DO ROMANTISMO 67

voltar-se para a preocupação em ordenar parágrafos, compactar ideias, formar capítulos. A ordem natural do ensaísmo é abolida em favor da liberdade expressiva do fragmento, constituído, no íntimo, de grande conteúdo significativo.

Isso não significa, entretanto, que o ensaísmo, de certa forma, não tenha influenciado a concepção de fragmento literário dos primeiros românticos alemães. Ao contrário, Montaigne foi uma influência marcante sobre a estética do fragmento que se anuncia a partir de Schlegel e de Novalis. Montaigne foi o criador do ensaísmo moderno, que pode ser caracterizado como um gênero de expressão do pensamento intermediário entre os grandes tratados filosóficos surgidos ainda na Idade Média e cultivado largamente pelo classicismo, e o fragmento literário como gênero de ruptura em relação ao rigor formal das grandes formas de representação do pensamento.

Os *Ensaios* concebidos por Montaigne já se anunciavam como uma forma absolutamente livre de enveredar pelos caminhos da investigação filosófica. Diferentemente dos grandes tratados, o ensaio caracteriza-se pela extrema liberdade temática que permite ao autor transitar de um ensaio a outro (e, por vezes, em um mesmo ensaio) pelos mais variados assuntos, criando uma espécie de escritura assistemática, profundamente marcada por um pensamento que recusa, *a priori*, o engessamento que o discurso científico solicita para si. O ensaio, então, é uma forma, um gênero de ruptura, porque não pactua com a estrutura rigorosamente lógica que os grandes tratados filosóficos, físicos e naturalistas da Idade Média reivindicam para si. É preciso ressaltar, ainda, que esses mesmos tratados adotavam esse rigor expositivo porque se pretendiam representações totalizantes, no plano das ideias, do mundo e das coisas que buscavam definir[3].

___

3 Não pretendemos, aqui, fazer uma discussão aprofundada sobre os tratados filosóficos surgidos a partir da Idade Média e o modo como estes se configuravam de acordo com a ideia vigente na época de que era possível alcançar uma exposição totalizante e absoluta de seus objetos de análise. O que nos interessa, na verdade, é ressaltar de que forma Montaigne é o primeiro pensador a desenvolver um gênero de escritura alternativo a essas obras fortemente marcadas pelo teocentrismo medieval, que viam na natureza e no homem o reflexo perfeito e absoluto de Deus.

68 MÁRCIO SCHEEL

A contrapelo dos grandes sistemas de pensamento e representação desenvolvidos ao longo da Idade Média, Montaigne concebe seus ensaios filosóficos, que rompem com a ideia de um assunto específico, único, absoluto, em favor da descontinuidade temática, da variação constante de ideias e motivos, explorando todas as potencialidades de sentido e as multiplicidades argumentativas que esse gênero discursivo oferece. Pelos ensaios, Montaigne pôde fazer de si mesmo objeto de análise, discussão e reflexão. Assim, na introdução ao volume dedicado à Montaigne de *Os pensadores*, encontramos a seguinte definição do processo de criação que norteia os ensaios:

> Concebidos nessa ordem de ideias, extravagantes e fora de todas as regras convencionais, os *Ensaios*, como ele mesmo chamou, eram resultado da inclinação ao devaneio, à meditação e à análise. Mas resultaram também do costume de anotar as obras lidas quando lhe vinham ao espírito tantas fantasias "sem ordem nem propósito". As ideias são colocadas nos *Ensaios* sob a forma aparente de contradições, e o leitor é conduzido por caminhos oblíquos e disfarçados. Parece que Montaigne procura deliberadamente desnortear o leitor superficial, apresentando-se como modelo de inconstância e incoerência, confundindo as pistas e falando por meias palavras, porque é "empresa difícil, e mais árdua do que parece, acompanhar o andar do espírito, penetrar-lhe as profundezas opacas e os ocultos recantos". (2000, p.8)

Desse modo, o ensaísmo como forma de escritura, de exposição de ideias e de liberdade de pensamento representa uma influência significativa sobre as teorias do fragmento literário desenvolvidas a partir dos primeiros românticos alemães, sobretudo de Friedrich Schlegel, que mais demoradamente se deteve sobre a tentativa de criação, definição e conceituação daquelas que seriam as características singulares do fragmento literário. O fragmento romântico, assim como os ensaios de Montaigne, não se pretende uma exposição exaustiva da matéria ou do assunto que aborda, não admite sistematizações, transita livre-

---

Para uma pesquisa detalhada acerca das relações entre as formas de pensamento medievais e as obras totalizantes que este sistema legou, ver *As palavras e as coisas*, de Michel Foucault.

POÉTICA DO ROMANTISMO **69**

mente pelos caminhos do paradoxo ou da contradição, mas, acima de tudo – e aí sua diferença radical –, o fragmento rejeita todo e qualquer desenvolvimento metódico, toda construção que, remotamente, se assemelhe a um sistema fechado de pensamento:

> O fragmento – também denominado de "forma chamforteana" pelos românticos em homenagem a Chamfort – como projeto e semente é marcado, portanto, pela sua abertura e, logo, crítica da noção clássica de sistema que estava vinculada a uma outra concepção da linguagem e da verdade (isto é, à concepção representacionista das mesmas): "É igualmente mortal para o espírito ter um sistema ou nenhum" (KA XVIII, p.173), afirmou F. Schlegel, numa das suas típicas formulações, marcadas pela suspensão, pela "crítica salvadora" – pois afinal de contas, ele quer salvar o caos como crítica do sistema e este como crítica daquele." (Seligmann-Silva, 1999, p.40-1)

Assim, o fragmento 45 das Observações Entremescladas de *Pólen* é bastante singular no que concerne a essa resistência do fragmento à sistematização, a essa "crítica da noção clássica de sistema" que se anuncia em Novalis, não sem algum ironia:

> Onde o genuíno pendor ao refletir, não meramente ao pensar deste ou daquele pensamento, é dominante – aí há também *progredibilidade*. Muitíssimos doutos não possuem esse pendor. Aprenderam a concluir e inferir, como um sapateiro a confecção de sapatos, sem jamais caírem na ideia de – ou esforçarem-se para – encontrar o fundamento dos pensamentos. Contudo, a salvação não está em nenhum outro caminho. Em muitos, esse pendor dura apenas por um tempo – Cresce e diminui – muito frequentemente com os anos – frequentemente com a descoberta de um sistema, que só procuravam para a seguir, ficar dispensados da fadiga da reflexão. (2001, p.63)[4]

---

4 Parece-no interessante reproduzir, aqui, nota de Rubens Rodrigues Torres Filho acerca da ideia de sistema, presente neste fragmento: "Schelling, nas *Cartas sobre o dogmatismo e o criticismo*, já escrevera (5ª Carta): "Nada indigna mais uma cabeça filosófica do que ouvir dizer que, de agora em diante, toda filosofia tem de ficar aprisionada nos grilhões de um único sistema. Nunca esse espírito se sentira maior do que ao ver diante de si a infinitude do saber. Toda a sublimidade de sua ciência

70 MÁRCIO SCHEEL

De acordo com Novalis, "a descoberta de um sistema" é o caminho encontrado por "muitíssimos doutos" para evitar a "fadiga da reflexão". A crítica da noção de sistema transparece na ideia de que o ato de refletir deve dar-se em constante "progredibilidade", ou seja, a verdadeira reflexão – e não o simples pensar – é sempre progressiva, está sempre em marcha, não pode nunca se encerrar em um sistema fechado, com seus métodos e estruturas predeterminadas. Refletir é buscar, incessantemente, a essência primeira do objeto da reflexão. Refletir é refletir sobre cada pensamento, em um ato contínuo que procura descortinar o fundamento do próprio pensar. Caso contrário, e aqui está a ironia de Novalis, o pensador (o douto), crente da noção de sistema, é "como um sapateiro" que só pode dominar a complexa arte de confeccionar sapatos. Nesse contexto, o sapateiro representa – ou melhor, simboliza – aquele que produz a partir de moldes ou modelos definidos, assim com os doutos precisam de um sistema prefixado de pensamento.

A intenção de Novalis é demonstrar que qualquer sistema encerrado em si mesmo cria mecanismos e estruturas de pensamento que se desgastam com o tempo e com o uso, distanciando-se terrivelmente da reflexão em favor da conclusão e da inferência: duas maneiras garantidas de afirmar a infalibilidade do pensamento. O sistema prescinde da reflexão em favor de uma estrutura preestabelecida de exposição que não busca a essência primeira das coisas, mas, antes, contenta-se em defini-las a partir das referências, conceitos e ideias formuladas *a priori* e indiscutivelmente aceitas. Em suma, todo sistema depende das verdades absolutas e inquestionáveis que cria.

No entanto, voltando a pensar na relação entre o fragmento literário e o ensaio, é preciso considerar que Montaigne, o criador do ensaio assim como o entendemos, foi um cultor declarado do ceticismo como fundamento e essência do pensamento. A leitura dos gregos – dos sofistas a Platão e deste a Sexto Empírico – fez com que Montaigne, como seus mestres, colocasse em questão as verdades do pensamento,

---

consistia justamente em nunca poder perfazer-se. No instante em que ele próprio acreditasse ter perfeito seu sistema, ele se tornaria insuportável para si mesmo" (In: Novalis, 2001, p.212).

POÉTICA DO ROMANTISMO 71

relativizando assim a possibilidade do conhecimento. Sob esse prisma, os *Ensaios* do pensador francês são atravessados por dúvidas e interrogações que, muitas vezes, chegam a negar a própria necessidade do pensamento, seu valor e sua indecidibilidade vacilante. O ceticismo, então, acaba por representar uma espécie de coordenada que se impõe, de imediato, ao pensamento. E é aqui que o ensaísmo se aproxima da ideia de sistema que os primeiros românticos rejeitaram em sua concepção de fragmento, teoria, crítica e criação.

Assim, é preciso considerar que o ceticismo não é só uma tendência de pensamento que se fundamenta na dúvida absoluta como paradigma filosófico. Ao contrário, historicamente o ceticismo configura-se, ele mesmo, como um sistema de pensamento que se encarrega de demonstrar, a partir de sua natureza excessivamente interrogante, que o acesso ao conhecimento só pode se dar a partir da relativização do próprio conhecimento. Dessa forma, a natureza interrogante do ceticismo transforma-se na coordenada essencial da escritura ensaística, o que equivale a dizer que, no plano da exposição, o ensaio é uma forma inacabada de escritura que se constrói a partir dos parâmetros da dúvida e do questionamento que o ceticismo engendra, e que permite, como ocorre em Montaigne, que o autor se diga, se revele como objeto de análise e discussão, transparecendo suas perspectivas e opiniões pessoais, seus traços distintivos, sua maneira singular de ser e pensar.

Tirante o ceticismo como paradigma de questionamento, de investigação crítica e filosófica, o fragmento literário e o ensaísmo poderiam ser formas de expressão, gêneros discursivos, em tudo tributários, a ponto de Luiz Costa Lima (1993, p.192-239) considerar que, enquanto testemunha do autor, de sua singularidade, o fragmento é sempre um produto inacabado, e, nesse sentido, assinala-se com justeza sua proximidade com os *Ensaios* de Montaigne. A diferença é que o fragmento literário busca o inacabamento como uma maneira de exposição do pensamento, da crítica e da criação avessa a todo ideal de sistema que possa servir como um arcabouço definido e definitivo de ideias a serem postas em circulação no processo de análise e discussão.

Nas palavras de Philippe Lacoue-Labarthe e Jean-Luc Nancy, em *L´Absolu Littéraire*, os românticos, com o fragmento, recolhem parte de uma herança, a herança de um gênero que, de fora, pode se caracterizar ao menos por três traços: o relativo inacabamento ("ensaio") ou a ausência de desenvolvimento discursivo ("pensamento") de cada uma de suas peças; a variedade e a miscelânea dos objetos de que pode tratar um mesmo conjunto de peças; a unidade do conjunto, em contrapartida, constitui de algum modo o conjunto da obra, no assunto que se dá a ver ou na crítica que suas máximas produzem. (1978; p.58)[5]

O fragmento literário enquanto gênero discursivo encontra seu lastro nessa herança anunciada. Apesar de os primeiros românticos alemães teorizarem sobre o gênero, os teóricos franceses procuraram demonstrar que o fragmentário não é uma tendência surgida necessariamente com os românticos, mas é com eles que essa tendência ganha sua forma de expressão definitiva. Na verdade, esta herança anunciada só faz revelar a acuidade teórica dos românticos, a perspectiva de suas relações com a tradição que os precedeu, a extrema originalidade de sua investida contra as formas, estruturas e padrões normativos que o gosto e o juízo clássicos, na ânsia de criar um sistema de análise e investigação crítica e estética suficiente em si mesmo, acabariam por legar-lhes.

Os próprios Philippe Lacoue-Labarthe e Jean-Luc Nancy (idem, p.59) fazem questão de frisar que esse diálogo com a herança literária, ao contrário de cercear a originalidade dos românticos, abre caminho para a criação de um gênero absolutamente expressivo, em que os objetos – os temas, os assuntos envolvidos pela análise – não são determinados ou compreendidos na forma de um *Discours de la Méthode* (*Discurso do método*, em uma clara referência à obra de René Descartes). Aliás, o fragmento literário deve ser entendido justamente como uma contrapartida à influência que o cartesianismo exercera sobre o pensamento europeu. O inacabamento característico do fragmento, sua abertura infinita que rejeita, a um só tempo, o absoluto e

---

5 *"... reculillent en fait un héritage, l'héritage d'un genre que l'ont peut de l'extérieur ou moins carctériser par trois traits: – le relatif inachévement ("essai") ou l'absence de développement discursif ("pensée") de chacune de ses pieces; – la varieté et le mélange des objets dont peut traiter um même ensemble de pieces; – l'unité de l'ensemble, en revanche, comme constitueé im quelque sorte hors de l'ouvre, dans le sujet qui s'y donne à voir ou dans lê jugement qy donne ses maximes."*

POÉTICA DO ROMANTISMO **73**

a totalidade das velhas formas de expressão, nega, por si só, o rigor exigido pelo método:

> O fragmento designa a exposição que não se pretende à exaustividade e corresponde, sem dúvida, à própria ideia moderna de que o inacabado pode, ou mesmo deve, ser publicado (ou ainda à ideia de que o publicado não está jamais acabado...). (idem, p.62)[6]

O fragmento literário como forma de exposição de ideias é sempre um devir, um vir-a-ser, um projeto de futuro. Cada fragmento tem valor por si e em si mesmo, na sua extrema pontualidade. Gênero da imediatez, o fragmento não pode ser confundido com o mero trecho, com aquele tipo de obra, póstuma ou não, que, por ventura, o autor não pôde concluir. Ao contrário, o fragmento literário surge da crença dos românticos na reflexão como um ato contínuo, infinito, que não termina nem cessa, nunca, que não pode jamais ser acabado. Assim, ele é uma forma de exposição que compreende a própria infinitude do gesto reflexionante.

> Desta maneira, o fragmento delimita-se por uma dupla diferença: se, de um lado, ele não é puro trecho, de outro, ele distingue-se destes termos-gêneros de que estão servidos os moralistas: pensamento, máxima, sentença, opinião, observação. Esses têm mais ou menos em comum a pretensão a um acabamento no cunho mesmo do "trecho". O fragmento, ao contrário, compreende um essencial inacabamento. Eis porque ele é, segundo *Ath. 22*, idêntico ao projeto, "fragmento a porvir", tanto que o inacabamento constitutivo do projeto faz precisamente todo o valor deste, pela "faculdade de todo o conjunto se idealizar e realizar imediatamente". Nesse sentido, todo fragmento é projeto: o fragmento projeto não vale como programa ou prospectiva, mas como projeção imediata do que, portanto, está inacabado. (idem, p.62-3)[7]

---

6 Cf. "*Lê fragment désigne l'exposé qui ne prétend pas à l'exhaustivité, et correspond à l'idée sans doute proprement moderne que l'inachevé peut, ou même doit, être publié (ou encore à l'idée que le publié n'est jamais achevé...).*"

7 Cf. "*De cette manière le fragment se délimite par une doublé différence: si d'une part il n'est pas pur morceau, de l'outre il n'est pas non plus aucun de ces termes-*

74   MÁRCIO SCHEEL

É preciso considerar ainda que o fragmentário, a essência fragmentária, inacabada e aberta do fragmento acentua um traço da personalidade romântica: a presença ostensiva da individualidade – marca da afirmação de um eu que se desvela como centro e razão do pensamento, da criação, da arte mesma. O fragmento literário é um gênero, uma forma de exposição perfeitamente coerente com o ideal romântico de subjetividade. Ambos – o fragmentário e o subjetivo – fundamentam-se na ideia de abertura para o infinito, ambos configuram-se a partir de uma postura que relativiza todas as certezas, ambos anunciam-se como a busca pelo absoluto e pela totalidade perdida, relacionados à imediatez e à pontualidade, sempre inacabados, incompletos, sempre em busca do todo pela vivência da descontinuidade, da ruptura, de um constante processo de formação.

A subjetividade é um traço da personalidade que se marca pela abertura: o sujeito romântico também não está acabado; ao contrário, é da soma de suas múltiplas, variadas e singulares experiências, sensações e ideias que se forma sua persona, seu caráter, sua individualidade. É da consciência de suas limitações e do confronto deliberado com suas próprias contradições que o indivíduo romântico se dá conta de sua dispersão, de seu estilhaçamento e da necessidade de buscar, novamente, no interior da própria fragmentação, seu centro-fixo, sua dimensão plena, total, absoluta. O fragmento literário representa, então, no plano da linguagem, da criação estética, do pensamento e da teoria, a dispersão fragmentária da própria individualidade romântica.

Assim, é característica a afirmação de Friedrich Schlegel, em carta enviada a seu irmão August Wilhelm Schlegel: "Eu não posso dar uma mostra do que eu sou, do meu eu inteiro, senão como um sistema de

---

genres dont se sont servi les moralistes: pensée, maxime, sentence, opinion, anecdote, remarque. Ceux-ci ont plus ou moins en commun de pretendre à un achèvement dans le frappe même du "morceau". Le fragment au contraire comprend un essentiel inachèvement. C'est pourqui il est, selon Ath. 22, indique au projet, "fragment d'avenir", en tant que l'inachèvement constitutif du projet fait précisément tout le prix de celui-ci, par "la faculté de tout ensemble idéaliser et réaliser immédiatement". En ce sens tout fragment est projet : le fragment-projet ne vaut pas comme programme ou prospective, mais comme projection immédiate de as que pourtant il inachève."

POÉTICA DO ROMANTISMO 75

fragmentos, porque eu mesmo o sou" (cf. nota 34 de Seligmann-Silva, 1999, p.40). Partindo da autodefinição de Schlegel, uma teoria do fragmento – e este como gênero de expressão – só é possível a partir do reconhecimento de que até mesmo a subjetividade – como sinal constitutivo do ser – está condenada a permanecer fragmentada. Indo mais longe: a relação entre individualidade e fragmentação deixa-se atravessar pelo confronto direto com o pensamento clássico, o que leva Novalis, no fragmento 54 das Observações Entremescladas, à formulação de um dos princípios centrais da estética romântica: "O indivíduo interessa apenas. Por isso tudo o que é clássico não é individual" (2001, p.67). O individual representa tudo aquilo que é particular, único, singular, em oposição à universalidade clássica.

Uma exposição atomizada que nos remete diretamente ao ponto nevrálgico do ideário estético romântico: a querela entre os antigos e os modernos. Tanto para Novalis quanto para Schlegel, a singularidade definidora dos modernos diz respeito à afirmação da individualidade como potência criadora da arte. Em vez dos padrões normativos da forma e do gosto clássico, que levam a obra de arte aos limites da impessoalidade, da contenção, do representacionismo totalizante do mundo, é preciso promover o deslocamento do indivíduo, de sua essência fragmentária e contraditória, para o interior da obra, produzindo uma nova individualidade – aquela que se diz nas fronteiras indefiníveis da linguagem. Por isso, de acordo com Luiz Costa Lima (1993, p.204), o fragmento moderno é o lugar em que coabitam duas subjetividades, uma a ser expressa, outra a ser produzida.

No fragmento 102 das Observações Entremescladas, temos:

Toda figura humana vivifica um germe individual no observador. Através disso essa intuição se torna infinita – Está vinculada com o sentimento de uma força inesgotável – e por isso é tão absolutamente vivificante. Ao observarmos a nós mesmos – vivificamos a nós mesmos.

Sem essa imortalidade visível e sensível – *sit venia verbis* – não poderíamos pensar.

Essa perceptível insuficiência da formação corpórea terrestre para tornar-se expressão e órgão do espírito ínsito é o pensamento indeterminado, propulsor, que é a base de todos os pensamentos genuínos – a ocasião para a evolução da inteligência – aquilo que nos necessita à admissão de um mundo inteligível e de uma série infinita de expressões e órgãos de cada espírito, cujo expoente, ou raiz, é sua individualidade. (Novalis, 2001, p.93)

Novamente, podemos entrever que os principais interesses de Novalis são justamente aqueles que acentuam a singularidade do fragmento, no plano da expressão, e o ideário estético do romantismo no que concerne à criação: o ser como motivo que desperta – vivifica a reflexão – "o germe individual no observador"; a reflexão – intuição – como um processo infinito, uma "força inesgotável" que, por sua vez, é a característica marcante do pensar e, por extensão, do próprio indivíduo; a busca de uma realidade transcendente ao mundo mesmo, que se configura por meio de uma "série infinita de expressões" – os próprios fragmentos – que se afirmam como expoente, raiz, marca, traço, sinal potenciado da própria individualidade. E, mais uma vez, esse ideal de reflexão infinita confirma-se na singularidade primeira do fragmentário: o seu eterno inacabamento a sugerir-nos, igualmente, uma eterna e adiada possibilidade de conclusão:

> É preciso dizer que o fragmento funciona, simultaneamente, como vestígio da individualidade e como individualidade – por onde se explica também que ele não seja nunca definido, ou que suas aproximações de definição possam ser contraditórias. Quando F. Schlegel observa que "os aforismos são fragmentos coerentes", ele indica bem uma propriedade do fragmento como uma falta de unidade e de completude. Mas o célebre fragmento 206 de *Athenauem* enuncia que o fragmento "deve ser... fechado sobre si mesmo, como um ouriço". Seu dever-ser, senão seu ser [...] é formado pela integridade e integralidade da individualidade orgânica. (Lacoue-Labarthe & Nancy, 1978, p.63)[8]

---

8 Cf. *"C'est dire que le fragmente fonctionne simultanément comme reste d'indivi-dualité et comme individualité – par où s'explique aussi qu'il ne soit jamais défini, ou que ses approches de definition puissent être contradictoires. Horsque F. Schlegel note "Les aphorismes sont des fragmentes cohérents", il indique bien une propriété du fragment dans un manque d'unité et de complétude. Mais le célèbre fragment 206 de l´Athenaeum e nonce que le fragment "doit être.. clos sur lui-même, comme un hérisson". Son devoir-être, sinon son être [...] est bien formé par l'intégrité et l'intégralité de l'individualité organique."*

POÉTICA DO ROMANTISMO **77**

A individualidade própria de todo sujeito e o fragmentário ligam-se a um dos conceitos mais caros aos românticos de Jena: o da organicidade. O pensamento, a crítica de arte e a criação devem representar um organismo vivo, pulsante, fundamental e em constante transformação. Cada fragmento é parte essencial, viva, suficiente em si mesma, mas que, ao mesmo tempo, remete a um todo orgânico que só pode ser verdadeiramente compreendido na sutil relação que estabelece com cada uma de suas partes. Daí a afirmação de Novalis de que o "pensamento indeterminado, propulsor", fundamento de "todos os pensamentos genuínos, acaba por se constituir de uma série infinita de expressões e órgãos de cada espírito". O fragmento literário, então, nada mais é do que a caracterização formal dessa expressão infinita, orgânica, que se afirma no plano das ideias. É o que o fragmento 72 de Fragmentos nos sugere:

> Para a ideia, o projeto e o plano procura-se a execução, para a execução o plano.
> Todas as ideias são apresentadas. O *air de famille* é chamado analogia. Através da comparação de várias crianças poder-se-ia adivinhar os indivíduos pais. Toda a família nasce de dois princípios, que são um único – através de, e contra sua natureza ao mesmo tempo. Toda família é uma disposição para uma humanidade individual infinita. (Novalis, 2001, p.137)

Como podemos perceber, os fragmentos de Novalis trabalham, também, no nível de uma profunda figurativização da linguagem. O pensamento aparece sempre sob os traços cifrados da comparação, da metáfora, do simbólico – recursos expressivos tomados de empréstimo à poesia, gênero de criação a que se dedicou com igual esmero e intensa paixão. O *air de famille*, no fragmento, é o símbolo pelo qual se expressa a relação entre o fragmentário e o todo, relação viva – orgânica, como já vimos – que nos leva à compreensão do conjunto pela soma de suas partes, e que nos permite entrever a totalidade do ideário estético dos românticos pela autossuficiência de cada um de seus fragmentos.

Se "todas as ideias são apresentadas", é o *air de famille* que nos comunica a experiência do todo, da organicidade que este sugere a partir de cada um de seus membros – o que fica evidente na afirmação de que "através da comparação de várias crianças poder-se-ia adivinhar os indivíduos pais". Novalis concebe analogias para demonstrar que "o *air de famille* é chamado analogia", para revelar que a fragmentação – ainda e apesar de sua essência fragmentária – é uma forma de reencontrar a totalidade perdida; daí seu caráter paradoxal – forma inacabada, incompleta, que procura, no diálogo secreto que se estabelece entre cada fragmento, o acabamento e a completude: "Toda família nasce de dois princípios, que são um único – através de, e contra sua natureza ao mesmo tempo".

Os fragmentos, tomados um a um, individualmente, representam não uma reflexão interrompida, mas uma abertura possível para o próximo ato reflexionante. Tomados no seu conjunto, permitem entrever o modo como os românticos organizam seu pensamento e se debruçam sobre as questões teóricas, críticas e estéticas que seu tempo anunciava: "Toda a família é uma disposição para uma humanidade individual infinita". A arte é o principal foco de interesse do pensamento romântico: é sobre a arte que se voltam boa parte dos fragmentos legados por Novalis. E essa obsessão pela obra de arte, pela tentativa de encontrar novos modelos de criação, novas formas de abordar criticamente as obras, tem razão de ser justamente na percepção romântica de que a obra de arte é o espaço ideal da manifestação do individual, lugar em que o Eu se precipita irremediavelmente, em que afirma sua atemporalidade e sua infinitude. Como veremos, criar, refletir, criticar e teorizar são, para os primeiros românticos alemães, sérios pretextos para se "pôr em obra", para fazer do pensamento e da criação o desvelar do Eu que, segundo Novalis, "é escolha e realização da esfera de liberdade individual, ou autoatividade. Fichte se pôs em obra, como Brow – só que ainda mais universal e absolutamente" (cf. Fragmento 110 de Fragmentos I e II. Novalis, 2001, p.143).

E o que nos interessa, aqui, é demonstrar que o fragmento literário, além de representar a forma livre e moderna por excelência de escritura, de criação artística dos primeiros românticos, significa também uma forma de exercício da crítica estética bastante apurada, responsável por transformar os paradigmas crítico-teóricos, a visão

POÉTICA DO ROMANTISMO 79

que os *Frühromantiker* tinham da literatura e das artes, a aproximação que fizeram entre poesia e crítica, pensamento e arte, ser e linguagem. E Novalis, por meio da coletânea de fragmentos reunidas em *Pólen*, tem um papel determinante para a afirmação teórica, crítica e filosófica do fragmento literário, preocupado que foi com a linguagem em suas dimensões mais profundas, no modo como ela se converte em essência do ser, da arte, da criação artística.

4
OS CAMINHOS DA *POIESIS*: A CONDENAÇÃO PLATÔNICA

Poucos livros até hoje foram tão discutidos e comentados quanto *A república* de Platão. E não só do ponto de vista da filosofia política – o filósofo grego foi o primeiro a conceber, em obra, a utopia de um Estado perfeito, da organização de uma cidade ideal, fundamentada nos postulados da razão, criada sobre a divisão sistemática do trabalho em classes distintas: a dos artesãos, dos soldados e dos guardiões. Os primeiros seriam os produtores dos bens materiais necessários à vida social, os segundos deveriam incumbir-se da defesa da cidade e, por fim, caberia aos guardiões fazer valer a observância das leis. Segundo Platão e seu rígido esquematismo, nessa República ideal nenhuma classe poderia usufruir mais e melhor a felicidade do que a outra. A felicidade deveria ser um bem coletivo, que se divide com justiça e equanimidade entre todos os cidadãos.

Na república platônica, não só a estrutura produtiva ou administrativa seria alterada em função da divisão racional do trabalho, mas também a própria noção de sociedade, a própria organização do corpo social: a família, a execução do trabalho considerado a partir da aptidão natural e não da determinação de classe ou gênero, o sistema educativo, o governo e até mesmo a ideia de conhecimento. Tudo deveria ser reformado para garantir a existência dessa República ideal. Desapareceria a família e a própria noção de familiaridade: as mulheres seriam comuns a todos os guardiões e a cidade cuidaria de educar as crianças de forma que estas não conhecessem seus pais e a República se sustentasse sobre os pilares da eugenia, privilegiando a pureza da raça.

O sistema educativo seria responsável por desenvolver as aptidões naturais e, assim, garantir a inquestionabilidade da divisão racional do trabalho, e o desenvolvimento das virtudes indispensáveis para o exercício de suas funções e para a manutenção constante das classes. O governo seria exercido por reis versados no conhecimento das ciências e da filosofia, escolhidos entre os melhores cidadãos e rigorosamente avaliados no que tange à capacidade de resistir na defesa incessante da cidade. O conhecimento, por sua vez, deveria ser a via de acesso à Verdade, ao Bem e à Virtude. Sob esse prisma, Platão é o primeiro filósofo a pensar a organização política e social da República a partir do ideal de funcionalidade objetiva. O Estado deve configurar-se a partir de uma estrutura rigorosamente determinada, em que cada indivíduo deve agir e se comportar de acordo com a função exercida dentro do corpo social e sua única aspiração deve ser a felicidade garantida pelo conhecimento racional da verdade, da virtude e do bem.

E é nesse ponto que as coisas se problematizam. No livro X de *A república*, encontra-se a mais controversa das ideias platônicas que, ao longo da história, geraria as reações mais distintas e apaixonadas dos filósofos da estética e dos teóricos da literatura: na cidade ideal de Platão, os poetas não têm razão de ser. Assim, o filósofo grego também é o primeiro pensador a expulsar o poeta do universo político-social da República. Mas, para entender esse banimento, é preciso considerar a perspectiva platônica acerca da ideia mesma de conhecimento, de acesso à verdade e ao bem filosófico, a dicotomia expressa pela cisão metafísica entre mundo sensível e mundo inteligível, entre o plano da materialidade das coisas e o plano das ideias puras. É a partir dessa dicotomia que deve ser superada pela pura idealidade que Platão condenará o poeta – e o artista de uma forma geral – ao ostracismo e ao exílio.

Platão, ao trabalhar com as idealidades puras, concebe a teoria das ideias arquetípicas. De acordo com essa perspectiva, os objetos físicos, as coisas em sua simples materialidade, nada mais são do que

POÉTICA DO ROMANTISMO 83

cópias inexatas, imprecisas e imperfeitas de seus arquétipos ideais, incorpóreos, eternos, absolutos e intangíveis. É dessa concepção que o filósofo grego extrai a dicotomia entre o mundo sensível e inteligível, mas principalmente, é sobre essa concepção que ele fundamenta o conceito de imitação. Dessa forma, o mundo sensível, o plano da materialidade das coisas não passa de uma imitação do mundo inteligível, da idealidade, para onde a consciência humana, por meio do conhecimento filosófico, deve retornar. De acordo com Platão, tudo o que há foi criado por um demiurgo, uma espécie de artesão, de criador divino, que deu forma ao universo e a tudo o que existe a partir das ideias eternas.

Se tudo o que existe foi criado por esse demiurgo, se todos os objetos físicos, por sua vez, representam a imitação de ideias arquetípicas, a condenação platônica do poeta baseia-se em sua crença pessoal de que o artista, ao lançar mão da *mimesis*, da imitação, nada mais faz do que criar aparências, simulacros, cópias das coisas que se distanciam da realidade ou da verdade das próprias coisas que, é preciso ressaltar, já são representações perecíveis, temporais, de ideias arquetípicas, eternas. Para Platão, a imitação posta em prática pelo poeta "está longe da verdade e, se modela todos os objetos, é porque respeita apenas a uma pequena parte de cada um, a qual, por seu lado, não passa de uma sombra" (2000). Assim, os objetos criados pelo artista são, na realidade, artifícios, artefatos que se distanciam da verdade como simulacros de simulacros, aparências de aparências, já que cópias dos objetos que, por seu turno, são representações físicas de puras idealidades.

As restrições platônicas à presença dos poetas na República estão fundamentadas na crença de que o artista deveria preservar o caráter de cópia que suas obras assumem, dada a natureza de sua arte imitativa, ao contrário de tentar confundir suas obras com objetos reais. Enquanto simulacro ou aparência a concorrer com o real, a obra de arte nega a essência mesma do conceito platônico de verdade, princípio geral que se postula, pela investigação filosófica, de acordo com as ideias arquetípicas de Bom e Virtuoso, capaz de promover a felicidade de todos os cidadãos. Para Platão, apenas o pensamento filosófico pode

84 MÁRCIO SCHEEL

conduzir o indivíduo à descoberta da verdade. Com Platão, cessa o poder revelador do mito, próprio da verdade poética, e entra em cena a força ordenadora do *logos*, da razão. É o que podemos entrever no ensaio *Poética e poiesis*, de Manuel Antônio de Castro:

> Na conjuntura de seu tempo, o vigor do mito, enquanto linguagem instauradora de mundo, se perdera. A vida da *Polis* ficou à mercê da capacidade de manipulação comunicativa dos que sofística e retoricamente dominavam o discurso. Em lugar da verdade do real, passou a dominar a doxa, ou seja, a opinião comum decorrente das decisões das assembleias na ágora. Para que tal não acontecesse, era necessário formar bem o cidadão, elaborando uma paideia nova, que lhe assegurasse o acesso à verdade e à liberdade. É este o fundo que orienta toda a estrutura argumentativa do diálogo *República*. Detectamos nele dois movimentos bem articulados. O primeiro gira em torna da contraposição da paideia poética à paideia filosófica. Platão questiona o alcance da palavra mítica como reveladora do real. Em seu lugar, propõe a paideia filosófica como única capaz de formar o verdadeiro cidadão[1].

Segundo essas perspectivas, podemos encontrar, em *A república*, uma afirmação reveladora:

> No meu modo de ver, o que se deve pensar de tudo isto é o seguinte: quando um indivíduo vem nos dizer que encontrou um homem conhecedor de todos os ofícios, que sabe o que cada um sabe do seu ramo, e com mais exatidão do que qualquer outro, devemos assegurá-lo de que é um ingênuo e que, ao que parece, deparou com um charlatão e um imitador, que o iludiu a ponto de lhe parecer onisciente, porque ele mesmo não era capaz de distinguir a ciência, a ignorância e a imitação. (Platão, 2000, p.325)

Ao contrário dos filósofos modernos, sobretudo os primeiros românticos alemães como Novalis e Schlegel, Platão não poderia conceber a aproximação radical entre arte e pensamento, entre poesia

---

1 Disponível em: http://www.travessiapoetica.com.br/filosoficos/poeticaepoiesis. htm.

POÉTICA DO ROMANTISMO 85

e filosofia. Não há uma verdade poética na medida em que o poeta é o imitador das coisas. Na realidade, o poeta não quer que sua arte seja artifício ou artefato, aparência ou simulação das coisas. É Platão que não pode conceber a existência do poeta e seu olhar vário, múltiplo, que se dissemina pelas coisas. É interessante para Platão que o filósofo seja o único capaz de abrir a via de acesso para a verdade:

> Devemos, assim, considerar agora a tragédia e Homero, que é o seu pai, visto que ouvimos certas pessoas dizerem que os poetas trágicos são versados em todas as artes, em todas as coisas humanas relativas à virtude e ao vício e até nas coisas divinas. Dizem elas que é necessário que o bom poeta, se quer criar uma obra bela, conheça os assuntos de que trata, pois, de outro modo, não será capaz de criar. Precisamos, assim, ver se essas pessoas, tendo deparado com imitadores desta natureza, não foram enganadas pela contemplação de suas obras, não notando que estão afastadas no terceiro grau do real e que, mesmo desconhecendo a verdade, é fácil executá-las, porque os poetas criam fantasmas, e não seres reais, ou se a sua afirmação tem algum sentido e se os bons poetas sabem realmente aquilo de que, no entender da multidão, falam tão bem. (idem, p.325-6)

Platão, mestre em ambiguidades, desvia a atenção do leitor daquela que seria a sutileza secreta de seu pensamento: o fato de que a arte, sobremaneira a poética, é uma forma de criação e, ao mesmo tempo, uma passagem para o filosófico – da mesma forma que, séculos mais tarde, os primeiros românticos alemães (sobretudo Novalis) fariam da filosofia uma passagem para o poético.

Do mesmo modo que, no *Fedro*, Platão condena a escrita baseado no argumento – ambíguo – de que ela é o *phármakon*[2], que perde para sempre a memória e o jogo dialético, ele banirá o poeta da República engendrando uma escritura que é, antes de tudo, *poiesis*, criação. O próprio Sócrates, figura central que conduz o ardiloso raciocínio filosófico

---

2 Ambíguo porque o *phármakon* grego é, a um só tempo, o veneno e a cura, o antídoto. Para uma exposição sistemática do conceito de *phármakon* e da condenação platônica da escrita ver Jacques Derrida, *A farmácia de Platão*. São Paulo: Iluminuras, 1997.

da obra, é uma criação platônica que suplanta a própria imagem do Sócrates real, que toma o seu lugar na história, confundindo para sempre o ser e a criação, a existência concreta e a imagem representada.

O interesse platônico no exílio do poeta tem, ao menos, duas motivações essenciais: a primeira diz respeito à *polis* ideal, preconizada por Platão, que se fundamenta na ideia de uma sociedade rígida e sistematicamente estruturada, em que cada classe e cada indivíduo ocupa um lugar definido no espaço social; ou seja, a República de Platão é uma funcionalidade absoluta na qual os artesãos produzem, os soldados defendem, os legisladores legislam e os guardiões protegem a observância das leis. Cada classe desempenha e cumpre o seu papel de modo a garantir o funcionamento perfeito e harmonioso da cidade. Ora, se o poeta é o imitador, versado em todas as artes, em todas as coisas humanas, e desconhecedor de tudo, concebendo cópias que se distanciam do real, que geram fantasmas, sombras, aparências e simulacros das coisas, não há um lugar para ele no corpo funcional da sociedade. O que equivale a dizer: se o poeta não é um criador, um produtor de bens materiais, como o artesão, se sua poesia (seu discurso) não é uma via de acesso à Verdade das coisas e do mundo (porque cópia dissimulada, suplemento, sombra intangível), ela não serve como uma forma de educar o indivíduo, conduzindo-o ao conhecimento do Bem e da Virtude, tarefa da qual se incumbe o filósofo, o poeta é disfuncional, uma perturbação indesejável da ordem e do equilíbrio funcionalista da sociedade. Segundo a lógica platônica, o poeta, por não cumprir função alguma, é dispensável e perigoso por sua própria natureza: ele põe em risco a divisão racional do trabalho idealizada pelo filósofo grego. Daí o banimento, o exílio, o ostracismo.

A segunda e a mais complexa das motivações diz respeito ao fato de que Platão não poderia jamais afirmar o caráter de criação da *poiesis* e, por consequência, o poder criador do poeta. Mais uma das grandes sutilezas do pensamento platônico. A motivação é justa: quase todo o sistema filosófico platônico gira em torno da órbita dicotômica, opositiva, entre mundo sensível e mundo inteligível, plano das coisas (materialidades físicas) e das ideias arquetípicas (idealidades puras). Entre as ideias arquetípicas e os objetos físicos, concretos, que as

POÉTICA DO ROMANTISMO 87

representam, há a figura intermediária do demiurgo, o artesão divino que concebe todas as coisas do universo a partir das ideias eternas.

Para Platão, nem mesmo o filósofo é um criador. Ao contrário, seu pensamento, voltado para a instância da metafísica, representa unicamente uma forma de abrir caminho em direção à Verdade, essa também uma idealidade eterna. O filósofo, em seu pendor racional, toma as coisas e o mundo pelo que são e se lhe apresentam. Assim, admitir a *poiesis* como criação original e o poeta como criador a engendrar mundos no mundo, a subverter conceitos e a conceber ideias, pensamentos, reflexões a partir da arte, significaria, para Platão, a ruína de parte de seu sistema filosófico. Indo mais longe: reconhecer o poeta seria reconhecer seu par: alguém que faz de seu discurso uma via de acesso ao conhecimento das coisas, do mundo, da verdade. Alguém que faz da arte uma forma de desvelamento do ser e das ideias que, em grande medida, o constituem.

Exilar o poeta, bani-lo irremediavelmente do espaço social e das questões filosóficas essenciais é uma forma de impedir a dupla ruína: a do equilíbrio delicado da ordem político-social da República e a de seu próprio sistema filosófico:

> Então, Glauco, quando encontrares panegiristas de Homero, dizendo que este poeta educou-se na Grécia e que, para administrar os negócios humanos ou ensinar a sua prática, deve-se basear nele, estudá-lo e viver regulando de acordo com ele toda a existência; deves saudá-los e acolhê-los com respeito, como se fossem homens tão virtuosos quanto possível, e conceder-lhes que Homero é o príncipe da poesia e o primeiro dos poetas trágicos, mas saber também que em matéria de poesia não se devem admitir na cidade senão os hinos em honra dos deuses e os elogios das pessoas de bem. Se, pelo contrário, admitires a Musa voluptuosa, o prazer e a dor serão os reis da tua cidade, em vez da lei e desse princípio que, de comum acordo, sempre foi considerado o melhor: a razão. (Platão, 2000, p.336-7)

Banir o poeta da *República* baseado no argumento da imitação que se afasta do real, da verdade e de que é "antiga a dissidência entre filosofia e poesia" é uma forma de reiterar essa mesma dissidência. Mas, como já dissemos aqui, Platão é o mestre de um raciocínio ardiloso, de um discurso e de uma escritura que disseminam suas armadilhas, que se fecham sobre si mesmos na defesa de suas próprias verdades. A "Musa voluptuosa, o prazer e a dor" suscitados pela poesia são sensações e, de acordo com Platão, a sensação – própria do domínio estético – origina-se no corpo, na forma física, que faz parte do mundo das aparências. A ideia é mais importante que o fato. O poeta trabalha no nível das sensações. O filósofo entrega-se às ideias. Deve haver uma supremacia do intelecto sobre o corpo. O prazer estético desvia os homens da virtude e da verdade, comprometendo o pensamento.

Escrever o prazer, inscrever o prazer no interior da criação, da *poiesis*, é um problema da escritura. A condenação platônica do poeta, na *República*, também se deixa atravessar pela condenação da escrita, e no *Fedro*, pelo rompimento com o mito como revelação da verdade, como força instauradora do mundo. Mas o discurso da condenação engendrado pelo filósofo grego revela, em seus interditos, o pacto silencioso com a própria escrita, com a *poiesis* criadora. É por isso que, em sua análise do *Fedro,* Derrida afirma que "um texto só é um texto se ele oculta ao primeiro olhar, ao primeiro encontro, a lei de sua composição e a regra de seu jogo" (1997, p.7). Para Platão, a escrita perde para sempre a socrática, base do princípio dialético, forma de pensamento baseado na maiêutica, no ideal socrático de parto, segundo o qual só podemos chega à verdade pela circulação constante da pergunta, da dúvida, do questionamento. Conhecer, então, significa situar o conhecimento no interior de si mesmo, pôr-se em questão, interrogar-se sobre as ideias, opiniões e certezas que nos perfazem, descobrindo nossos próprios equívocos e revendo-os, construindo formas cada vez mais complexas de pensamento.

Há, assim, uma incompatibilidade entre o escrito e o verdadeiro que, podemos pensar, advém justamente da ausência do escritor, de sua não presença, de sua incorporeidade no instante em que o discurso é levado a efeito – o momento de leitura, que também é uma descoberta. O escritor (o poeta), em suma, omite-se de qualquer responsabilidade com o verdadeiro, pois não se relaciona, ele mesmo, de forma direta, com o pronunciamento, o instante em que o discurso verdadeiramente ganha sentido. O problema é que essa condenação da escrita dá-se por

POÉTICA DO ROMANTISMO 89

meio da própria escrita, assim como a condenação da *poiesis* como força criadora relacionada com o mito se dá por intermédio de um discurso que se orienta em direção ao próprio mito. Platão, por meio do *Khaírein*, manda "passear os mitos", despede-os, procurando liberá-los da ingenuidade pesada e séria dos físicos "racionalistas". Mas essa abolição dos mitos não deixa de ser uma atitude perspicaz de Platão, que, na sua própria escritura, lança mão do mito da cigarra e do mito de Theut no *Fedro* e do mito de Er no Livro X da *República,* mitos originais – criados pelo próprio filósofo e que se valem da invenção, força básica e necessidade primeira do ato da escritura. É o que Derrida nos permite entrever quando procura demonstrar que "o *Khaírein*, no início do *Fedro*, tem lugar em nome da verdade. Refletir-se-á no fato de que os mitos retornem de suas férias no momento e em nome da escritura" (idem, p.13).

A questão da condenação platônica da escrita, que atravessa também a problemática inteira da figura do poeta, diz respeito ao fato de que a escritura, de acordo com Derrida, é um *"artefactum*, que é uma arte"*,* "uma potência obreira", "uma força operadora" (idem, p.21). A condenação da escrita e o banimento do poeta fundamentam-se, então, no caráter ambivalente, ambíguo, do conceito de *phármakon.* Em toda a sua possibilidade de sentido, o *phármakon* seria a grande força tensionadora do processo de escritura, do tecido da escritura. Seria o responsável pelo enfeitiçamento que a escritura provoca, por sua "virtude de fascinação": o *phármakon* é o que podemos caracterizar como a armadilha do discurso, da escritura, o momento em que somos, de repente, surpreendidos, tomados, absorvidos pelo poder revelador da escritura, que se manifesta pela *poiesis* original.

Segundo Derrida, a escritura não é objeto de uma ciência, apenas de uma história recitada, de uma fábula repetida. A escritura vincula-se ao mito e se opõe ao saber, especialmente ao saber que se colhe em si mesmo, por si mesmo. A crítica platônica (figurativizada por Sócrates) diz respeito justamente à cisão que a escritura promove com relação ao saber. De acordo com o pensamento socrático (que Platão apoia e sobre o qual se debruça), o que interessa, o que importa, em essência, é a investigação, a descoberta e a análise da verdade. O saber filosófico

90 MÁRCIO SCHEEL

leva à Verdade essencial, mas o processo, para tanto, tem de ser forço-
samente o dialético. Daí a afirmação de Derrida de que o problema da
escritura liga-se ao saber de cor. Com a escritura, o diálogo, a dialética,
essa manifestação do saber oral caem por terra, o estímulo filosófico se
arrefece e a busca pela Verdade se engessa no discurso escrito, que só
faz repetir, sempre e indistintamente o mesmo, o idêntico, o limitado
pelas próprias fronteiras da escritura que, como um mito, repetiria sem
saber. A escritura e o mito rompem com o *logos* e a dialética. Não há
razão, não há verdade, não há *logos* possível que resista à repetição, às
armadilhas da escritura.

Mas apesar de tudo, inclusive das ambiguidades de sua escrita, a
dissidência entre filosofia e poesia, para Platão, é incontornável. Ca-
berá a Aristóteles, em sua *Poética*, rever parte do conceitual em que se
fundamentara o sistema filosófico platônico e restabelecer o conceito
de *mimesis* e *poiesis*, anunciando, pela primeira vez, a necessidade de
tomar a obra em si mesma, como realidade única, criando a metafísica
da arte. Mas serão os primeiros românticos alemães que resgatarão
do exílio filosófico a *poiesis* e o poeta. É com Novalis e Schlegel que se
ensaiará o desejo de superar a dissidência entre poesia e filosofia, *poiesis*
e pensamento. A grande proposta desenvolvida pelos dois amigos de
Jena é fazer da *poiesis* uma orientação discursiva, uma singularidade
da escritura artística, filosófica e, sobretudo, teórica. A *poiesis* é a característica essencial do fragmento literário enquanto crítica, sua razão
de ser, sua irrupção e sua orientação em busca da compreensão da arte
e da inscrição do homem no mundo.

O resgate da *poiesis* no
primeiro romantismo alemão

Se a crítica platônica ao poeta é supostamente motivada pelo caráter
falseador e falsificador da imitação poética, para Aristóteles a questão
essencial da poesia passa a ser sua condição criadora, a diferença fundamental que estabelece entre si mesma e o objeto ao qual se refere.
Para Platão, os objetos físicos não passavam de cópias imperfeitas

POÉTICA DO ROMANTISMO **91**

e imprecisas de seus modelos arquetípicos, incorpóreos – as ideias eternas. Aristóteles rejeita a transcendência absoluta dos arquétipos ideais platônicos. Ele acredita que as ideias universais podem ser alcançadas pela observação empírica das coisas sensíveis que, tomadas em sua individualidade, permitem que o filósofo chegue a formulações científicas que encontram seu valor na universalidade e na necessidade de seus postulados. Aristóteles volta-se para a *physis*, para a natureza empírica, e busca compreender a multiplicidade dos fenômenos que envolvem as coisas e os seres, o pensamento e a arte.

Aristóteles parte da concretude e da mutabilidade das coisas para rejeitar a dicotomia transcendente do platonismo. Ele está interessado no ser das coisas, em sua singularidade, naquela essência particular e intransferível que engendra cada coisa e cada indivíduo. O interesse aristotélico pela arte, principalmente a poética, revela sua crença na superação do espaço abissal entre filosofia e poesia:

> Segundo o que foi dito se aprende que o poeta conta, em sua obra, não o que aconteceu e sim as coisas quais poderiam vir a acontecer, e que sejam possíveis tanto da perspectiva da verossimilhança como da necessidade. O historiador e o poeta não se distinguem por escrever em verso ou prosa; caso as obras de Heródoto fossem postas em metros, não deixaria de ser história; a diferença é que um relata os acontecimentos que de fato sucederam, enquanto o outro fala das coisas que poderiam suceder. E é por esse motivo que a poesia contém mais filosofia e circunspecção do que história; a primeira trata das coisas universais, enquanto a segunda cuida do particular. Entendo que tratar de coisas universais significa atribuir a alguém ideias e atos que, por necessidade ou verossimilhança, a natureza desse alguém exige; a poesia, desse modo, visa ao universal, mesmo quando dá nomes às suas personagens. (Aristóteles, 1999, p.47)

Aristóteles desloca o eixo de compreensão e de acesso ao conceito de verdade: já não se trata de buscar a verdade do ser e das coisas porque esta se dá em vários sentidos. Por isso, na *Poética*, ele fala em verossimilhança – a aparência de verdade, a verdade possível, instância de um devir – e não mais da verdade arquetípica platônica – idealidade a ser alcançada. É a verdade possível, em um eterno vir-a-ser, em uma urgência de descoberta e revelação, dada em vários sentidos, revelada a partir das singularidades, das diferenças produzidas pela imitação, que faz do poeta um criador:

> Segue-se então que o poeta deve ser mais criador do que metrificador, uma vez que é poeta porque imita, e por imitar ações. Continua sendo poeta mesmo quando se serve de fatos reais, pois nada impede que alguns fatos, por natureza, sejam verossímeis e possíveis e, por esse motivo, seja o poeta o seu criador. (idem, p.48)

A imitação passa a ser um gesto de criação, uma produção, um criar e produzir que privilegia a diferença entre o real e seu correlato criativo. Privilegiar a diferença é reconhecer a instância em devir da verdade. A arte, então, passa a ser o espaço de circulação dos sentidos em busca dessa verdade possível, ainda por acontecer. Já não se trata de pensar a figura do artesão divino, do demiurgo a dar forma às coisas, ao mundo e aos seres a partir das ideias universais. O poeta, agora, é o demiurgo, e a poesia é o lugar da palavra enquanto entidade geradora de sentidos que se determinam por meio de suas articulações dentro da obra. É o que nos demonstra Manuel Antônio de Castro:

> Em Aristóteles já aparece a Poética metafísica bem estruturada. O filósofo retoma os dados fundamentais apontados por Platão: o mito, a *mimesis*, o poeta, a obra. Mas há duas mudanças significativas. Em lugar das ideias, a *physis*, apreendida, contudo, metafisicamente. O avanço significativo aparece em relação à palavra como mediação. No lugar desta, a obra passa a ocupar o centro da atenção. Será vista em duas dimensões. Inicialmente é concebida como um todo orgânico, em que o poetizar está estreitamente ligado às articulações da *tekhne*, com vistas ao processo de unificação. É o uso lógico como verdade do real que se torna o fundo da obra como tal. A constituição da obra se processa como articulação e unidade técnica. (op. cit.)

A arte, agora, é *tekhne* e depende do domínio verbal criativo do poeta para configurar-se em obra. Isso faz com que, de certa forma, Aristóteles seja o primeiro a pensar a obra a partir de seus caracteres formais, técnicos, procurando defini-la de acordo com sua própria imanência:

A palavra *tekhne* foi traduzida para o latim como *ars*, de onde se formou a palavra arte. A arte, como concepção, fica estreitamente presa ao conceito de obra, e esta é determinada pelo uno lógico, como verdade do real. O uno lógico é buscado por Aristóteles através das quatro causas: material, formal, eficiente e final. Como a obra toma o centro do interesse, passam a ser dominantes as causas material e formal. O artista vive em função da articulação dessas duas causas, que foram tendo diferentes nomes como conteúdo e forma, significante e significado, enunciação e enunciado. Mas como essas causas são comuns a todos os entes, o ente obra de arte se distingue pela causa final. O fim da obra de arte é o belo. A relação do poeta com a palavra é determinada pela obra e esta articulada pela *tekhne*, ou seja, pela arte. A arte, nessa interpretação, se resolve na unicidade da obra. (idem, ibidem)

O problema da *tekhne* aristotélica diz respeito ao fato de que, ao longo dos séculos, ela seria cada vez mais confundida, no âmbito da crítica estética e literária, com a ideia de domínio técnico, de apuro formal. Tanto que, no classicismo, ela já havia se transformado em um conjunto de regras mais ou menos definidas de composição, em um escopo dogmático e doutrinário que deveria ser seguido à risca como forma de articulação expressiva. A *tekhne*, então, transforma-se em um padrão obsessivo de composição em que o imperativo maior seria a precedência da estrutura definida do discurso sobre as motivações do sentido. Partindo do ideal de *tekhne*, os clássicos postularão a dicotomia entre forma e conteúdo, criando tratados estéticos em que os padrões normativos da forma determinam o gosto e a perspectiva de onde o crítico de arte – transformado em árbitro ou juiz da arte – exerce seu poder judicativo. Desse modo, a crítica não chega a ser uma reflexão sobre a obra porque é determinada por padrões exteriores à obra, definidos *a priori*.

Se os clássicos percebem a poesia como *tekhne*, domínio técnico das formas de construção poética, e a crítica como uma atividade regida por princípios normativos, são os primeiros românticos alemães que reverão esses princípios e farão da crítica um projeto em constante devir, uma criação diretamente relacionada ao ideal de *poiesis*, uma forma profunda de compreensão do fenômeno literário e não simplesmente um conjunto de leis ou regras mais ou menos definíveis ou aplicáveis.

94 MÁRCIO SCHEEL

É o que Luiz Costa Lima, em "A raridade do crítico", introdução ao livro *Neorretórica e desconstrução*, de David Wellbery, afirma:

Coube aos *Frühromantiker*, sobretudo a Friedrich Schlegel e a Novalis, o estabelecimento da conexão íntima entre poesia, no sentido amplo do termo, e crítica. A conexão não seria pensável sem que, antes, o termo "crítica" fosse descartado da atividade normativa, judicativa, diferenciadora do que é boa ou má obra de arte.

É bastante sabido que esse descarte esteve na dependência de que Kant, na *Crítica da faculdade do juízo* (1790), houvesse demonstrado que é próprio da experiência estética, tanto da experiência da beleza como do sublime, não admitir a submissão a normas ou leis. O prazer estético é uma relação livre e não comandada por interesses ou obrigações. [...] O prazer estético, ao invés, por ser livre e, então, aleatório não se subordina a qualquer espera normativa. Por isso a obrigação o desfigura. Ao passo que, no juízo determinante, o observador ou analista subsume o fenômeno à lei ou norma que o explica, no juízo do gosto, mais precisamente no juízo estético, o receptor conta tão só com a harmonia que sua imaginação estabelece com seu entendimento. (1998, p.7)

Assim, na esteira do pensamento aristotélico, que define o poeta como criador e a *poiesis* como criação, e na linha da percepção estética abeta por Kant, Novalis fará de seus fragmentos literários um espaço para a reflexão que se afirma em uma linguagem original, criadora, fundante, um espaço em que se manifestam, a um só tempo, os novos ideais críticos propostos pelos românticos de Jena e a *poiesis* como uma criação, um gerar, um produzir singular da obra de arte. Entendidos como manifestações crítica e artística, os fragmentos literários devem ser analisados a partir de algumas questões que se colocam de forma decisiva: 1 – a *poiesis* como criação; 2 – a crítica enquanto arte; 3 – a linguagem como uma força ordenadora da *poiesis* e da crítica, perpassada pelo ideal de lugar original em que o ser se funda e manifesta, se desvela, por meio da reflexão crítica e da criação estética.

De acordo com Ernesto Grassi, em *Arte como antiarte*:

Toda *poiesis* – mesmo aquela que hoje chamamos arte sempre está na origem de um produzir, como passagem do não ser para o ser. Isto não

POÉTICA DO ROMANTISMO 95

deve ser entendido no sentido de que a *poiesis* cria alguma coisa do nada (a ideia da criação do nada é desconhecida entre os gregos). Para Aristóteles o vir-a-ser é a transformação de algo em qualquer coisa que assume uma forma, um aspecto novo (*eídos*) (uma pedra torna-se uma estátua). Disto resulta a dualidade, fundamental para Platão e Aristóteles, de matéria (*hyle*) e forma (*eídos*), conceito de grande importância na tradição ocidental, para o problema da *poiesis* em geral e da arte em particular (assim como para o da gênese de uma obra de arte). (1975, p.121)

É justamente essa "passagem do não ser para o ser", esse produzir, esse criar que a *poiesis* engendra que será resgatado nos fragmentos literários de Novalis. A crítica novalisiana levada a efeito nos fragmentos é uma crítica fundante, no sentido em que procura definir os novos movimentos críticos, as novas formas de compreender o fenômeno literário, e no sentido em que concebe, em si, uma investigação profunda da essência não só da arte, mas da criação e do próprio ser. Crítica concebida como pensamento reflexionante, como orientação e assimilação do ser – revelado a partir da individualidade e da afirmação do Eu romântico – pela linguagem. Trata-se, então, de inter-relacionar o ser da arte, do indivíduo e da reflexão no interior da linguagem tornada escritura, e da escritura determinada pela *poiesis*. O fragmento literário afirma-se como uma forma crítica da arte que busca, ao mesmo tempo, divisar-se com a própria arte, apagando os limites entre crítica e escritura, teoria e criação, poesia e pensamento estético-filosófico. Mas, para entender essa dupla relação e esse apagamento essencial, é preciso compreender a questão da linguagem, do ser, da crítica e da *poiesis* a partir do primeiro romantismo alemão: antes, é preciso compreender a figura do escritor enquanto crítico ou do criador enquanto teórico da criação, que Novalis representa muito bem.

Passemos ao universo da linguagem fundadora.

O problema da linguagem

Louis Trolle Hjelmslev, em *Prolegômenos a uma teoria da linguagem*, afirma que:

96 MÁRCIO SCHEEL

A linguagem – a fala – é uma inesgotável riqueza de múltiplos valores. A linguagem é inseparável do homem e segue-o em todos os seus atos. A linguagem é o instrumento graças ao qual o homem modela seu pensamento, seus sentimentos, suas emoções, seus esforços, sua vontade e seus atos, o instrumento graças ao qual ele influencia e é influenciado, a base última e mais profunda da sociedade humana. Mas é também o recurso último e indispensável do homem, seu refúgio nas horas solitárias em que o espírito luta com a existência, e quando o conflito se resolve no monólogo do poeta e na meditação do pensador. (1975, p.185)

A linguagem é, em si mesma, uma realidade outra e diversa daquela que nos chega, de fora, pelos sentidos: a visão e a audição, fundamentalmente. É, a um só tempo, uma forma e um produto de construção dessa mesma realidade, um reflexo verbal, uma capacidade nominativa, de nomear, de nominalizar, de descrever o mundo que se filtra pelo olhar desse observador específico que é o homem. Por isso Merleau-Ponty, a propósito da pintura de Cézanne, em seu ensaio *O olho e o espírito*, diz que "basta que veja alguma coisa, para saber ir até ela e atingi-la, mesmo se não sei como se faz na máquina nervosa" (1975, p.278). Sob determinados aspectos, a linguagem verbal não é outra coisa senão a tentativa de alcançar as coisas em si mesmas, o mundo, a realidade exterior, pela nominalização. O signo verbal representa uma forma de "atingir a coisa", de alterá-la em sua essência, tal qual este movimento descrito por Merleau-Ponty para caracterizar a pintura. Mesmo que não saibamos como se processa – no cérebro, no espírito, na alma, em qualquer lugar que seja de nosso corpo – uma coisa, determinada coisa, um objeto, certo objeto que nos move em relação a ele, o nomeamos.

A necessidade de compreender o mundo, mundo este que nos chega, antes de tudo, pelo olhar, é o móvel primeiro da linguagem. E Merleau-Ponty continua:

Todos os meus deslocamentos por princípio figuram num canto da minha paisagem, são transladados no mapa do visível. Tudo o que vejo por princípio está a meu alcance, pelo menos ao alcance do meu olhar, assinalado no mapa do "eu posso". Cada um dos dois mapas é completo.

POÉTICA DO ROMANTISMO 97

O mundo visível e o mundo dos meus projetos motores são partes totais do mesmo Ser.

Esta extraordinária superposição, na qual não se pensa bastante, impede concebermos a visão como uma operação de pensamento que ergueria diante do espírito um quadro ou uma representação do mundo, um mundo da imanência e da idealidade. Imerso no visível por seu corpo, embora ele próprio visível, o vidente não se apropria daquilo que vê: só se aproxima dele pelo olhar, abre-se para o mundo. (idem, ibidem)

O olhar é o mecanismo, o modo de percepção, o suporte que, sob muitos aspectos, determina e conduz a linguagem em sua busca pela representação ideal do mundo. E este mesmo olhar, consciente ou inconscientemente, sabe que a linguagem é uma construção que transcreve e cifra o mundo – se pensarmos, por exemplo, em termos pierceanos, segundo o qual o aspecto verbal da linguagem é o universo do símbolo, que mantém uma relação de terceiridade com o referente, que Sausseare denominaria de relação convencional –, mas que essa linguagem não é o mundo, na medida exata em que nos distancia dele, condenando-nos ao que podemos chamar de condição de Tântalos.

Nas histórias dos reis, mitos e heróis legadas por Homero, na *Odisseia*, Tântalos é o antigo rei da Lídia, que usufruía livremente do convívio dos deuses, mas que não fazia o menor esforço por merecer tal benefício. Em um banquete oferecido aos deuses, pôs em dúvida a onisciência divina e, para tirar a prova, serviu-lhes a carne do próprio filho. Os deuses, como lhes é característico, condenaram-no a um suplício eterno no Hades: sofrer de fome e de sede, constantemente, ainda que cercado de frutos e imerso até o colo em água, frutos que não pode tocar porque se afastam com o vento e água que não pode beber porque a terra absorve. Tal condição de Tântalos revela, secretamente, essa relação da linguagem com o mundo: relação de proximidade e afastamento, dispersão e transfiguração.

A linguagem coloca-nos o mesmo impasse do qual o rei Tântalos não pode escapar: sabemos que o mundo está ali, ao contato das mãos, ao alcance do olhar, passível de ser revertido em sons, palavras, signos e sentidos, mas que sua representação, pela linguagem, não é e nem pode ser esse mesmo mundo, por isso seus contornos fluidos

98   MÁRCIO SCHEEL

nos fogem, como a água e os frutos do rei lídio, no próprio processo de representação. Querer que a linguagem seja o mundo é um ato de perdida desatenção, de desastrosa perdição. Intermédio, a linguagem é o meio caminho entre o pensamento e o mundo, fio de Ariadne que nos liga ao tecido do mundo ao mesmo tempo em que nos enreda – e a essa realidade de seres e coisas – no novelo de sentimentos e sensações de que somos feitos, de que são feitas todas as criaturas, de que se constrói o próprio pensamento.

> Antes mesmo do primeiro despertar de nossa consciência, as palavras já ressoavam à nossa volta, prontas para envolver os primeiros germes frágeis de nosso pensamento e a nos acompanhar inseparavelmente através da vida, desde as mais humildes ocupações da vida cotidiana até os momentos mais sublimes e mais íntimos dos quais a vida de todos os dias retira, graças às lembranças encarnadas pela linguagem, força e calor. A linguagem não é um simples acompanhante, mas sim um fio profundamente tecido na trama do pensamento; para o indivíduo, é o tesouro da memória e a consciência vigilante transmitida de pai para filho. Para o bem e para o mal, a fala é a marca da personalidade, da terra natal e da nação, o título de nobreza da humanidade. O desenvolvimento da linguagem está tão inextrincavelmente ligado ao da personalidade de cada indivíduo, da terra natal, da nação, da humanidade, da própria vida, que é possível indagar-se se ela não passa de um simples reflexo ou se ela não é tudo isso: a própria fonte do desenvolvimento dessas coisas. (Hjelmslev, 1975, p.185)

Dizer que a linguagem, em sua dimensão mais íntima, funda o mundo é o mais acertado. Ela funda o mundo que só pode ser apreendido pelos sentidos. Ela concebe o mundo porque, em sua origem, é *poiesis*, ação criadora, e não pode ser distinguida do próprio ato de pensar. Quando Platão condenou ao banimento de sua *República* o poeta, e por consequência a própria poesia, talvez não tivesse ideia ou consciência de que condenava ao ostracismo e à marginalidade o estofo e o suporte não aparentes do pensamento, da filosofia. É a partir dessa condenação, desse banimento platônico que a poesia ganha o estatuto de forma menor em relação ao pensamento, de manifestação marginal, excêntrica ao próprio ato filosófico.

A poesia é o lugar do ser na linguagem. A linguagem, por sua vez, é ponte que se firma entre o ser e o mundo, *intermezzo*, não lugar, ou um lugar suspenso, indefinível, em que pretensamente encontramos definições, justificativas, explicações, sentidos, significados para o ser, as coisas, o homem e o mundo. A linguagem é a tentativa de criar uma comunhão impossível entre o ser, o mundo e a natureza, antes da queda que privou os homens de sua condição natural e os condenou aos abismos da fala, à necessidade sempre premente de nomear o conhecido e o desconhecido, a despeito de já não ser possível integrar-se verdadeiramente a essência das coisas, do mundo. A linguagem é a materialidade verbal (simbólica) das relações perdidas. A linguagem é, então, a tentativa desesperada, exasperada, de ser o lugar do ser no mundo.

A ideia heideggeriana da poesia como fundamento do ser não chega a ser nova ou original. A gênese de tal ideia já fora exposta pelos primeiros românticos alemães, fundamentalmente em Novalis e Schlegel. A diferença, no entanto, diz respeito à posição assumida pelo filósofo de *Ser e o tempo* e os autores dos fragmentos literários: para Heidegger, a fundação do ser pela poesia está ligada à materialidade da linguagem, isto é, Heidegger quer conceber uma *poiesis* filosófica alheia a toda metafísica. Novalis, ao contrário, acredita no poder de transcendência oferecido por essa mesma linguagem, por isso a filosofia é tão presente na obra do poeta romântico, fundamentalmente em suas colocações teórico-críticas. *Poiesis*, ser e linguagem são manifestações que se aproximam e se inter-relacionam na constituição da obra literária, da crítica e da filosofia.

É o que podemos divisar com Márcio Seligmann-Silva:

> Portanto, nesta filosofia romântica da linguagem, podemos perceber claramente três "etapas", ou níveis da linguagem: em primeiro lugar a "linguagem anterior à queda", na qual não há distância entre os signos e os elementos designados, nela o homem compreende sem mediação a linguagem da natureza e das coisas, enfim: esta é a linguagem do conhecimento absoluto. Com a "queda" o homem encontra a pluralidade das línguas, a perda da capacidade de compreender a natureza e as coisas, as palavras se distanciam daquilo que elas indicam e o homem como que "conhece a ignorância". Finalmente, esta filosofia da linguagem compreende também

a "restituição" da linguagem "originária", o trabalho de colher os cacos perdidos daquela antiga construção harmônica que estão espalhados entre os edifícios da nossa linguagem moderna. (1999, p.26)

Assim, no fragmento 164 dos Fragmentos I e II de *Pólen*, encontramos a formulação de Novalis segundo a qual:

> Cada ser humano tem sua própria língua. Língua é expressão do espírito. Línguas individuais. Linguogenia. Prontidão para traduzir para e de outras línguas. Riqueza e eufonia de cada língua. A expressão genuína faz a ideia *clara*. Tão logo apenas se tem o nome certo, tem-se a ideia em seu poder. Expressão transparente, condutora. (2001, p.156)

O fragmento de Novalis representa, essencialmente, a radicalização do ideal de "pluralidade das línguas". A língua é uma realidade individual, condição singular e singularizante de cada ser humano. O pensamento, a reflexão, solicita a "expressão genuína" que "faz a ideia clara". As "línguas individuais" refletem a busca romântica pela afirmação da individualidade, que se marca no pensamento e na linguagem, como uma forma de alcançar o Eu supraindividual de que falava Fichte, ou seja, aquela condição primeira do ser que pode ser comunicada a todos os homens e que se manifesta por meio da *poiesis* original, o instante de criação e desvelamento dos caracteres essenciais do ser, manifestos na organicidade da linguagem, de uma linguagem "genuinamente poética", como podemos entrever no fragmento 70 das Observações Entremescladas: "Nossa linguagem é, seja – mecânica – atomística – ou dinâmica. A linguagem genuinamente poética deve porém ser organicamente viva. Quão frequentemente sentimos a pobreza de palavras – para atingir várias ideias de um só golpe" (idem, p.75).

O que Novalis nos faz perceber é que, apesar da busca incessante pelo absoluto, pelo desvelamento do ser e da verdade, pela afirmação do pensamento como reflexão incessante, as palavras – mediadoras dessa busca, desse desvelar e dessa afirmação – sofrem com suas próprias limitações, com a "pobreza" que "sentimos" sempre que tentamos "atingir várias ideias de um só golpe". Nesse sentido, podemos en-

POÉTICA DO ROMANTISMO 101

tender que a limitação mesma das palavras encontrará na essência do fragmentário uma tentativa de superação de seus limites pela abertura de sentidos que a *poiesis* oferece, atingindo o cerne da escritura romântica e solicitando o poético como instância suprema da linguagem, do mundo, do ser e da criação, como um retorno ao absoluto perdido nos deslimites da fragmentação.

O simbólico da *poiesis* (criação) é uma das dimensões do poético, uma das formas de cifrar os sentidos do mundo e do espírito. Esse ciframento da *poiesis* também é uma maneira do ser levar-se para o interior do discurso, de fixar-se no centro extremado da escritura. Esse transportar-se para dentro da escritura é a proposição fundamental da própria noção de escritura e, por extensão, de linguagem dos primeiros românticos alemães. O ser como essência mesma da arte, da criação, que só pode se desvelar na circulação incessante dos sentidos poéticos. Dessa forma, não é casual ou meramente retórica a interrogação de Novalis, no fragmento 168 de Fragmentos I e II: "Pode a letra apropriar o espírito e vice-versa?" (idem, p.157). A questão do ser que se instaura e se desvela na linguagem, que se inscreve no centro da escritura e que, a partir desta, ensaia não só sua aventura estética e criativa, mas também crítica, teórica e reflexiva, é a própria força motivadora do pensamento poético e filosófico de Novalis, é a questão elementar, ao nível da linguagem e da escrita, na busca pelo absoluto e pela totalidade perdida no processo de fragmentação do sujeito que se inicia já no romantismo para alcançar, na modernidade, o auge de sua problemática.

A escritura fragmentária romântica coloca-se, então, não apenas em termos de ruptura, choque ou dispersão da própria noção de identidade, subjetividade ou individualidade, não só em relação ao todo e ao absoluto perdidos ou no que se refere à manifestação do ser e da verdade no cerne da linguagem, mas também, e principalmente, no reconhecimento de que toda palavra, todo signo representa, a um só tempo, um universo de sentidos e um limite intransponível ao gesto reflexivo em si mesmo. A escritura do ser, do mundo e da arte é atravessada pelos limites que as palavras impõem aos pensamentos, pela opacidade dessas mesmas palavras em relação à infinitude translúcida do pensar:

102 MÁRCIO SCHEEL

A doutrina da escritura do mundo – ou do mundo como escritura – implica uma semiotização *sui generis* do mundo: tudo é escritura, signo, mas signo opaco, não há um sentido transcendental que fornece a unidade (do sentido) do mundo. Como no barroco (tal como ele foi revelado pelo próprio Benjamin), no romantismo também tudo é significante – mas o significado escapa. "Tudo o que experimentamos é comunicação [*Mittheilung*]. Assim o mundo é, de fato, *comunicação* – Revelação do espírito. Não estamos mais no tempo, no qual o espírito de Deus era compreensível. O sentido do mundo foi perdido. Nós paramos na letra. (WII 383). (Seligmann-Silva, 1999, p.30)

E no fragmento 3 dos Fragmentos Logológicos I e II, a formulação novalisiana:

A letra é apenas um auxílio da comunicação filosófica, cuja essência própria consiste no suscitamento de uma determinada marcha de pensamentos. O falante pensa – produz – o ouvinte reflete – reproduz. As palavras são um meio enganoso do pré-pensar – veículo inidôneo de um estímulo determinado, específico. O genuíno mestre é um indicador de caminho. Se o aluno é de fato desejoso da verdade, é preciso apenas um aceno para fazê-lo encontrar aquilo que procura. A exposição da filosofia consiste portanto em puros termos – em proposições iniciais –, princípios. (Novalis, 2001, p.109)

E, aqui, parece interessante considerar a nota de Rubens Rodrigues Torres Filho ao conceito de exposição de que Novalis lança mão em seu fragmento: de acordo com o primeiro, *Darstellung* (em alemão, apresentação) é um termo longamente pensado na filosofia fichteana. No ensaio "A filha natural em Berlim", em *Ensaios de filosofia ilustrada*, Torres Filho considera que:

A noção de *Darstellung* designa, precisamente, essa ruptura interna com a lisura da Representação, e seu órgão próprio é a imaginação, da qual Fichte diz: – "Seja o que for que contenha o fundamento último de uma representação, pelo menos isto é claro, que não é ele mesmo uma representação, e que é preciso que passe por uma transmutação, antes de ser apto a encontrar-se em nossa consciência como matéria de uma

POÉTICA DO ROMANTISMO 103

representação. A faculdade dessa transmutação é a imaginação. Ela é formadora (*Bildnerin*). Não falo dela na medida em que chama de volta, liga, ordena representações tidas anteriormente, mas na medida em que, em geral, torna algo representável. Ela é, nessa medida, criadora, criadora da consciência una: dela, nessa função, não se tem consciência nenhuma. A imaginação *criadora*. Ela é o *espírito*". (1987, p.113-4)

O problema da apresentação – *Darstellung* – passa pelo problema essencial dos limites das palavras, da "opacidade dos signos" em relação às múltiplas possibilidades e à infinitude do pensamento e da imaginação criadora. É na imaginação que se encontra o universo suprassensível, ideal, transcendente. A imaginação é o espírito. A partir dessa perspectiva é que podemos compreender que a interrogação proposta por Novalis acerca da possibilidade de apropriação do espírito pela letra (e vice-versa) não é uma mera questão retórica porque se deixa atravessar pela problemática da *Darstellung*. Daí o próprio Novalis concluir que "a letra é apenas um auxílio da comunicação filosófica", e esta deve conduzir a uma "marcha de pensamentos", ou seja, revelar essa infinitude absoluta da reflexão.

A questão essencial é compreender que "as palavras são um meio enganoso do pré-pensar", um modo sempre limitado de levar a efeito a *Darstellung*, de tornar sensível o universo suprassensível das ideias. Por isso, Novalis frequentemente associa pensamento e criação. Cabe ao escritor, no uso de sua imaginação criadora, superar a distância abissal entre as palavras e as ideias, entre o pensamento e os limites da linguagem. Desse modo, o problema da *Darstellung* reflete-se no interior da escritura: a *poiesis* (como criação) é a salvaguarda do poeta, do teórico, do crítico e do próprio criador. É por meio dela que Novalis procura transcender as limitações da linguagem. Nesse sentido, é justo afirmar que o fragmento literário significa, em si mesmo, esse momento de crise da escritura enquanto representação (*Vorstellung*) e busca da escritura enquanto apresentação (*Darstellung*) original, nova, incondicionada; um gênero discursivo que, ao aproximar-se da filosofia e pactuar com a poética, busca superar o desgaste e os limites da palavra:

104 MÁRCIO SCHEEL

Em suma, toda essa filosofia primeiro romântica da linguagem é permeada por uma constante *crítica* da noção utilitário-comunicativa da mesma e pode ser traduzida num plano estrutural. A linguagem possui várias manifestações (funções, diríamos hoje) sendo que cabe à poesia justamente o papel de desautomatizar a linguagem, retirá-la da submissão à prática do cotidiano. Nela todas as palavras são elevadas numa linguagem que se autolegisla e que está liberada de ter que servir. A poesia é o local onde a linguagem se manifesta como *poiesis* (criação) absoluta... (Seligmann-Silva, 1999, p.32)

Essa "linguagem liberada de servir" é aquela em que o artista – prefigurado na figura do gênio – procura fixar, por meio da escritura, o universo suprassensível que se manifesta em sua própria interioridade. O gênio compreende a marcha de seus pensamentos, reconhece que estes estão além dos limites referenciais e conceituais que as palavras (os signos) lhes impõem, mas, assim mesmo, arrisca-se a dizer, a superar as fronteiras da representação em busca de uma nova *Darstellung*, e afirma-se na escritura como tentativa de desvelar a essencialidade do ser do mundo, das coisas e da arte. A linguagem é, ao mesmo tempo, limite e transcendência, desde que o artista (que também é teórico e crítico), ou o gênio, seja capaz de engendrar uma obra única, que coloque em xeque o próprio ideal de representação. No fragmento 22 das Observações Entremescladas, Novalis teoriza sobre a condição do gênio e a superação dos limites da exposição:

Quem procura, duvidará. O gênio porém diz tão atrevida e seguramente o que vê passar-se dentro de si porque não está embaraçado em sua exposição e, portanto, tampouco a exposição embaraçada nele, mas sua consideração e o considerado parecem consoar livremente, unificar-se livremente numa obra única.

Quando falamos do mundo exterior, quando descrevemos objetos efetivos, então procedemos como o gênio. Assim, é, portanto, o gênio, a faculdade de tratar de objetos imaginados como se tratasse de objetos efetivos, e também de tratá-los como a estes. O talento para expor, observar com precisão – descrever finalisticamente a observação – é, portanto, diferente do gênio. Sem esse talento vê-se somente pela metade – e se é

POÉTICA DO ROMANTISMO 105

somente um meio gênio – pode-se ter uma disposição genial, que na falta daquele talento nunca chega ao desenvolvimento. Sem genialidade todos nós simplesmente não existiríamos. Gênio é necessário para tudo. Aquilo, porém, que de costume se denomina gênio – é o gênio do gênio. (Novalis, 2001, p.49)

Gênio é aquele que deixa manifestar em si todas as faculdades do pensar – teórica, crítica, filosófica, estética –, rompe com os limites da palavra e da exposição, potencializa os sentidos da reflexão e concebe uma maneira nova de perceber o mundo a partir do que "vê passar-se dentro de si". É nesse duplo jogo de interiorização e exteriorização, reflexão e escritura, pensamento filosófico e abertura para o poético que os primeiros românticos fundarão seus conceitos de crítica literária e definirão as bases de uma teoria da literatura que compreende na singularidade da obra de arte literária, em sua unicidade e formação orgânica, no modo como a obra reconstrói – ou busca reconstruir o mundo –, a linguagem originária, autônoma em relação aos modelos normativos institucionalizados pelos juízes de arte do classicismo.

Nesse sentido, o crítico ou o teórico seria aquele que, como o gênio (o artista), também é capaz de desembaraçar-se da exposição, de assumir o pacto deliberado com a *poiesis* (criação), apagando os limites entre a perspectivação teórica da obra de arte e a própria criação estética. Vale salientar que esse apagamento extremado dos limites acena para a *Darstellung* em si mesma, o que quer dizer: a forma de apresentação do pensamento crítico e teórico novalisiano é o fragmento literário, esse gênero radicalmente alheio a toda sistematização do conhecimento, que representa uma cisão decisiva em relação a outros modelos de exposição instituídos, como o tratado filosófico e o ensaio. A compreensão dessa confluência entre teoria, crítica e *poiesis*, no primeiro romantismo de uma forma geral e nos fragmentos de Novalis particularmente, implica o ideal de poesia desse mesmo romantismo – de forma característica o ideal de poesia universal progressiva – e a relação desta última com a escritura, sobremaneira a do próprio fragmento literário.

5
A POESIA UNIVERSAL PROGRESSIVA:
UMA POÉTICA E UMA CRÍTICA EM DEVIR

O conceito romântico de poesia universal progressiva surge da relação ambígua – ora admirativa, ora de superação – que Schlegel manteve com Goethe, o marco central e a angústia da influência de boa parte da literatura alemã (mais tarde, na modernidade, Kafka assumiria esse papel). Na esteira da afirmação goetheana de que se deveria produzir não só uma literatura, mas uma *Weltliteratur* – uma literatura universal – Schlegel, de certa forma, conceberá a teoria da *progressive Universalpoesie*, a poesia universal progressiva, expressa no conhecido fragmento 116 da *Athenaeum*:

> A poesia romântica é uma poesia universal progressiva. Ela se destina não apenas a reunir todos os gêneros separados da poesia e pôr a poesia em contato com a filosofia e a retórica. Ela quer e também deve, ora misturar, ora fundir poesia e prosa, genialidade e crítica, poesia artística e poesia natural, tornar a poesia viva e sociável, e a vida e a sociedade poéticas, poetizar o chiste e encher e saturar as formas artísticas com todo tipo de sólida substância para a formação, animando-as com as pulsões de humor. Ela abrange tudo o que é poético, desde o sistema maior da arte, contendo em si vários sistemas, até o suspiro e o beijo que a criança poeta exala numa canção singela. (apud Bolle, 1994, p.41)

108 MÁRCIO SCHEEL

É preciso notar que a proposta de universalidade na teoria de Schlegel é justamente esse compartilhar absoluto dos gêneros, esse encontro da poesia com a filosofia, esse fundir pleno da essência poética com as demais formas discursivas, como a crítica e a teoria, abrangendo todo o universo artístico e poetizando a vida, o mundo e a existência de uma forma geral. A poesia universal resgataria a essência criadora, originária, da linguagem, sua força de manifestação, de apresentação – muito mais do que de representação – de uma realidade diversa, que se perdeu na automatização da linguagem cotidiana. Trata-se, dessa forma, de uma poesia que abarca todas as faculdades do espírito, que se cria a partir das dimensões mais fundas do indivíduo:

> A poesia pode se perder na representação a ponto de fazer pensar que seu único fim seja caracterizar indivíduos poéticos de todos os tipos e, contudo, ainda não existe forma tão adequada para expressar inteiramente o espírito de um autor: de modo que vários artistas que apenas quiseram escrever um romance, acabaram nos fornecendo um retrato de si mesmos. Só a poesia pode, como a epopeia, se tornar um espelho do mundo inteiro em volta, uma imagem da época. E, entretanto, é ela que pode também – mais que qualquer outra forma – livre de qualquer interesse próprio real e ideal, pairar no meio entre o retratado e o retratista, nas asas da reflexão poética, potencializando incessantemente essa reflexão e multiplicá-la, como numa sucessão infinita de espelhos. Ela é capaz da formação mais aprimorada e mais universal; não só de dentro para fora, como também de fora para dentro; para cada totalidade que seus produtos devem constituir, ela organiza uma totalidade semelhante em todas as suas partes, abrindo desse modo a perspectiva para uma classicidade crescente sem limites. (idem, ibidem)

A escritura que se afirma pela *poiesis* aceita perfeitamente bem a natureza do poético. Ela se organiza fragmentariamente enquanto volta-se sobre o ideal de que apenas o caráter manifesto de plena revelação, de completo desvelamento, de absoluta presença de espírito que a poesia traz consigo pode resgatar a totalidade perdida desse mundo alheio a toda sistematização:

POÉTICA DO ROMANTISMO 109

A poesia romântica é, entre as artes, o que o chiste é na filosofia, e o que a sociedade, as relações, a amizade e o amor são na vida. Outros gêneros poéticos já estão terminados, podendo agora ser inteiramente analisados. A poesia romântica ainda está se formando; e é esta a sua verdadeira essência, o eterno devir, sem jamais se dar por acabada. Nenhuma teoria pode esgotá-la, e apenas uma crítica divinatória poderia ousar caracterizar o seu ideal. Só ela é infinita, assim como só ela é livre; e ela reconhece como sua primeira lei que a vontade do poeta não deve se submeter a lei nenhuma. O gênero da poesia romântica é o único que é mais que um gênero e que é, por assim dizer, a própria arte poética, pois, num certo sentido, toda poesia é ou deve ser romântica. (idem, ibidem)

Assim, a poesia romântica é progressiva na medida exata em que se constrói como a possibilidade de um projeto, que acena constantemente para o futuro, desenvolvendo-se como um eterno devir. O sentido primeiro de tal proposta ganha sentido teleológico apenas quando consideramos que seu desejo máximo, como já dissemos, é poetizar todo o mundo: a própria humanidade deve caminhar, então, para um fim poético, encontrando a redenção e a restauração possível sob o signo transcendente da linguagem poética. Por isso Walter Benjamin, em *O conceito de crítica de arte no romantismo alemão*, afirma que "a poesia romântica é, portanto, a Ideia mesma da poesia; ela é o *continuum* das formas artísticas. Schlegel esforçou-se intensamente para expressar a exatitude e a plenitude nas quais ele concebia esta ideia" (1999).

O ideal de poesia universal progressiva não é muito diferente do ideal de fragmento literário como tentamos definir até aqui. Ambos orientam-se, em sua essência mesma, como partes destacadas de uma totalidade perdida que só pode ser restaurada, paradoxalmente, em função de sua condição fragmentária. Tanto a poesia romântica quanto o fragmento constituem-se em uma busca deliberada pela reflexão incessante, pela condição de forma em devir, de projeto, de inacabamento, perfeitos e exatos em si mesmos. A poesia progressiva deseja ser a universalidade de todos os gêneros, a união dos mais diferentes discursos, das mais diversas formas de pensamento e expressão; o fragmento literário entrevê a comunhão irrestrita com a dimensão mais funda da arte, da natureza poética: "O fragmento assume uma

110 MÁRCIO SCHEEL

feição crítica não porque se ponha *sobre* a poesia, no sentido em que se diz que o juiz se põe sobre os litigantes, mas porque partilha de sua natureza" (Costa Lima, 1993, p.192-239).

E, com Willi Bolle, encontramos o termo de comparação:

> De todos os fragmentos do *Athenaeum*, o de n° 116 tornou-se o mais famoso, o mais citado, por apresentar, de forma condensada, uma definição de poesia romântica. A estética do fragmento lhe é inerente, na medida em que incorpora o chiste, o humor, o inacabado, a ideia de forma aberta. Um elemento essencial é também o conceito de uma arte autorreflexiva. (1994, p.40)

Além do inacabamento, da infinitude, da forma aberta, do fragmento como recorte de uma totalidade em devir, o carater autorreflexivo da forma, esse olhar para si mesmo da arte, que faz com que crítica e *poiesis* se encontrem e se partilhem, o fragmento literário como criação e princípio da reflexão teórica é determinado pelo valor que os primeiros românticos atribuíam à imaginação como força geradora do pensamento poético:

> Ao lado da reflexão, os românticos também valorizaram "a imaginação, ou *o órgão mais elevado*, o sentido poético em si" (WII 357). Se, como vimos, para estes autores, a filosofia era um ato de interpretar imagens, e ainda, se para eles o absoluto não pode ser enredado conceitualmente, é evidente que a imaginação está para os primeiros românticos no centro da hierarquia das faculdades do homem [...]. A imaginação, ao lado da reflexão, é também a faculdade que rege o trabalho de destruição da ordem atual e (re)construção de uma ordem mais elevada, menos prosaica [...].
>
> Na base desta reorganização das faculdades do intelecto estava uma crítica a um determinado padrão do filosofar [...]. Esta crítica baseava-se justamente na noção romântica da não redutibilidade do Absoluto e consequente inacabamento constitutivo da filosofia. Dela adveio, como vimos, a teoria do fragmento como forma, e a sua utilização enquanto instrumento de *désoeuvrement* – na expressão de Lacoue-Labarthe e Nancy – onde o absoluto e o sistema só podem emergir *ex-negativo*. (Seligmann-Silva, 1999, p.51-2)

POÉTICA DO ROMANTISMO 111

O projeto romântico, então, é um projeto de união total entre criação, teoria, crítica e reflexão filosófica, uma tentativa de superar os limites categoriais, os limites do próprio conhecimento e da própria linguagem e criar uma escritura que transcenda o jogo da exposição pela exposição, dos modelos definidos *a priori* e que, por seu próprio caráter de forma preestabelecida, impedem que a escritura seja uma autoatividade, o espaço da crítica e da reflexão infinita que o fragmento literário e a poesia universal progressiva reivindicam como princípio elementar de sua existência e como forma de manifestação do Eu originário:

> Neste contexto, o conceito muito debatido de poesia transcendental pode ser explicado facilmente e, todavia, de modo exato. Ele é, assim como o de poesia universal progressiva, uma determinação da Ideia da arte. Se aquele expõe, numa concentração conceitual, a relação da Ideia da arte com o tempo, logo o conceito de poesia transcendental remete ao centro sistemático do qual brotou a filosofia romântica da arte. Ele expõe, portanto, a poesia romântica como a reflexão poética absoluta; a poesia transcendental no mundo do pensamento de Schlegel à época do *Athenaeum* é exatamente aquilo que o conceito de Eu originário é nas *Lições Windischmann*. Para demonstrá-lo é suficiente seguir de perto os contextos nos quais o conceito de transcendental se encontram em Schlegel e em Novalis. Descobre-se que ele conduz em toda parte ao conceito de reflexão. (Benjamin, 1999, p.99)

Além de transportar a *poiesis* para o interior do conceito de crítica e fazer desta uma reflexão incessante, contínua, uma autoatividade que não se encerra nas fronteiras da exposição, da escritura, os românticos alterarão profundamente o modo como o crítico se relaciona com seu objeto de leitura e entendimento: já não basta olhar para a obra e compreendê-la em relação a um conjunto determinado de modelos normativos. Ao contrário, a validade e a determinação da crítica romântica está justamente na capacidade de reconhecer a singularidade essencial de uma obra, o modo como esta transcende todos os modelos dados de composição (ensaia sua ultrapassagem) e encontra formas diversas de exposição, novas relações entre o conjunto de significados que engendra e a estrutura que serve de suporte ao jogo da significação.

No fragmento 27 das Observações Entremescladas, encontramos uma formulação de Novalis que representa, caracteristicamente, essa perspectiva singular acerca do fenômeno literário:

> Uma notável peculiaridade de Goethe observa-se em seus enlaces de ocorrências pequenas, insignificantes, com acontecimentos mais importantes. Ele parece não nutrir nenhum outro propósito nisso, a não ser ocupar a imaginação, de um modo poético, com um misterioso jogo. Também aqui esse homem singular achou a pista das intenções da natureza e apanhou-lhe em flagrante um engenhoso artifício. A vida costumeira está cheia de acasos semelhantes. Constituem um jogo que, como todo jogo, desemboca em surpresa e ilusão.
>
> Vários dizeres da vida comum repousam sobre uma observação dessa conexão reversa – assim p.ex: *sonhos ruins* significam fortuna – boato de morte, vida longa – um coelho que atravessa o caminho, infortúnio. Quase a superstição toda do povo comum repousa sobre alusões a esse jogo. (Novalis, 2001, p.53)

Antes de tudo, é preciso considerar que Novalis, no espaço restrito do fragmento, propõe-se a descrever uma das principais características estilísticas de Goethe: a forma como ele encadeia os acontecimentos – motivos, como denominariam mais tarde os formalistas russos –, as "ocorrências", dentro de sua obra: a alternância entre o fortuito, o trivial, o aparentemente casual, e os motivos essenciais à trama, concebendo um enredo que, progressivamente, revela a determinância das casualidades como instâncias motivadoras dos grandes acontecimentos. A engenhosidade crítica de Novalis consiste em demonstrar como esse "enlace de ocorrências" representa um "misterioso jogo" de construção determinado pela imaginação, poeticamente, como o jogo das livres associações que a poesia leva a efeito. De acordo com Novalis, o espelho desse jogo está na própria natureza, na realidade exterior, na "vida costumeira" que se perfaz dessas ocorrências casuais. É a partir dessa perspectiva que Goethe extrairia o artifício de suas construções literárias.

Assim, não se trata unicamente de imitar, no sentido preciso da *mimesis* grega, um mecanismo supostamente natural, mas sim de

POÉTICA DO ROMANTISMO **113**

transformá-lo em um artifício do engenho, em um jogo intelectual e imaginativo, em uma criação própria, que conduz à surpresa e à ilusão – objetivos últimos que a obra busca alcançar. A singularidade do fenômeno literário consiste em estabelecer um complexo de diferenças em relação à realidade na qual deveria se fundamentar. É esse o jogo a que se refere Novalis: o jogo da representação por meio do qual o artista cria a ilusão da verdade. Ainda que fale em termos de natureza e vida – nas quais o artista encontra os subsídios da criação –, Novalis pensa e desenvolve sua crítica em termos imanentes: é a obra, em sua interioridade, em sua condição de artifício, que lhe interessa. Trata-se, então, de uma crítica que tomará a obra a partir de seu duplo aspecto: como um universo de sentidos transcendente, historicamente pensada porque acontece no tempo do agora, como um eterno vir-a-ser (tal qual o próprio fragmento), e como um construto, uma forma aberta de exposição (assim como o ideal de poesia universal progressiva sugere).

Novalis propõe uma crítica que se volte para a interioridade da obra. Esse olhar imanente diz respeito ao conceito de reflexão que os românticos desenvolveram: uma interiorização do mundo e das coisas tornados matéria-prima de todos os pensamentos que, por sua vez, se justificam em si mesmos como um pensar contínuo, irrestrito, que se estende ao infinito e se impõe como uma forma de buscar o Absoluto. Esse processo de interiorização atinge em cheio a obra literária, afirmando-se como caminho para a compreensão da arte, da escritura, da criação. É o que Novalis deixa entrever no fragmento 29 das Observações Entremescladas: "Somente mostro que entendi um escritor quando sou capaz de agir dentro de seu espírito, quando sou capaz de, sem estreitar sua individualidade, traduzi-lo e alterá-lo multiplamente" (2001, p.55).

A crítica é esse olhar para dentro. Mas um olhar que nada tem da contemplação passiva, desinteressada, ao contrário, é um olhar ativo, modificador; um olhar que se apossa da obra, que a interioriza e transforma, na tentativa de fixar seu entendimento:

Autoexteriorização é a fonte de todo rebaixamento, assim como, ao contrário, o fundamento de toda genuína elevação. O primeiro passo vem

114 MÁRCIO SCHEEL

a ser olhar para dentro – contemplação isolante de nosso eu – Quem se detém aqui só logra metade. O segundo passo tem de ser eficaz olhar para fora – observação autoativa, contida, do mundo exterior.

Nunca realizará, como expositor, algo eminente, o homem que não gosta de expor nada além de suas experiências, seus objetos de predileção, que não é capaz de convencer-se a também estudar com indústria e expor com vagar um objeto totalmente alheio, totalmente desinteressante para ele. O expositor tem de poder e querer expor tudo. Através disso nasce o grande estilo de exposição que, com razão, tanto se administra em Goethe. (Fragmento 26, Observações Entremescladas, Novalis, 2001, p.51-3)

A crítica depende da capacidade do crítico em transpor a obra para o domínio de seus pensamentos, para a sua própria interioridade, mas não deve se sujeitar apenas àquilo que diretamente o afeta. O crítico deve ser capaz de analisar, discutir e expor também aquilo que lhe é alheio, distinto, divergente, fazendo da crítica o espaço de uma plena exposição: "poder e querer expor tudo" é a postura que o crítico deve reivindicar. É a partir dessa perspectiva que podemos compreender que, para Novalis, a crítica é o estudo industrioso, atento, acurado de seu objeto e a exposição acurada, vagarosa, fundamentada da obra que se põe em perspectiva. O mais interessante, aqui, é que Goethe novamente é tomado como modelo desse ideal de exposição, ainda que os românticos mantivessem uma relação reativa às posições de Goethe acerca da crítica:

A teoria da arte dos primeiros românticos e a de Goethe são opostas em seus princípios [...]. O conceito mesmo de crítica de arte, no entanto, permanece numa dependência inequívoca do centro da filosofia da arte. Esta dependência é formulada do modo mais preciso no problema da criticabilidade da obra de arte. Se esta é negada, se ela é afirmada, depende inteiramente dos conceitos filosóficos básicos que fundam a teoria da arte. Todo trabalho de filosofia da arte dos primeiros românticos pode, portanto, ser resumido no fato de eles terem procurado demonstrar em seu princípio a criticabilidade da obra de arte. Toda a teoria da arte de Goethe permanece sustentada pela intuição da não criticabilidade das obras. Não que ele tenha acentuado este ponto de vista mais do que ocasionalmente, não que

POÉTICA DO ROMANTISMO 115

ele não tivesse escrito críticas. Ele não estava interessado na apresentação conceitual desta intuição, e ainda em seu período tardio, que, sobretudo nos concerne aqui, ele compôs não poucas críticas. Mas se encontrará em muitas delas uma certa reserva irônica, não apenas com relação à obra, mas com relação à própria atividade e, de qualquer modo, a intenção destas críticas era apenas esotérica e pedagógica. (Benjamin, 1999, p.114-5)

Para os românticos, não há criação sem crítica, tanto que sempre buscaram a indistinção absoluta entre essas duas instâncias da arte. O fragmento literário é o exemplo perfeito dessa indistinção. Ao aproximar o poeta do filósofo, ao constituir seu ideal de reflexão a partir da poesia, os românticos entreveem no fragmento a possibilidade de gerar uma forma de exposição crítica que afirme a individualidade reflexiva em marcha constante e a forma perfeita de dar vazão a essa mesma individualidade. A poesia, como o pensamento, a crítica e o fragmentário, é inesgotável. A teoria e a crítica da literatura não podem ser unicamente instrumentos analíticos: elas têm de propor, a partir de suas formas, de suas escolhas, das perspectivas de compreensão do fenômeno literário, a mesma abertura ao infinito, a mesma busca pelo Absoluto e pela organicidade que não se esgota jamais, que nunca finda, que se anuncia, nos limites da apresentação, como um projeto futuro, sempre e inapelavelmente renovado. Teoria e crítica, então, devem ser um projetar-se no tempo, progressivamente, um modo de comunicar à humanidade toda não só o sentido transcendente da existência, mas a força e o poder transformador da arte.

O fragmento literário é um gênero dessa crítica criativa que não se quer teleológico, finalista. É uma chave para a percepção de que a arte é, sim, criticável; é uma abertura para o entendimento da arte e do mundo, das relações interditas que estabelecem entre si; é, ele mesmo, uma obra única, mutável, em formação: "A crítica é que transforma o texto em escrita sagrada, isto é, em termos mais profanos, conecta cada obra ao seu próprio Ideal, integra o ato fragmentário ao todo-sistêmico" (Seligmann-Silva, 1999, p.66). Indo mais longe, a crítica permite reconhecer a obra de arte como algo único, tal qual o indivíduo, ao mesmo tempo em que busca superar os limites entre a linguagem, a criação e a escritura, tornando-se, ela mesma, algo essencialmente artístico: "Encontrar fórmulas para indivíduos de arte, somente através das quais eles são entendidos no sentido mais próprio, constitui o ofício do crítico artístico – cujos trabalhos preparam a história da arte" (Fragmento 52 das Observações Entremescladas, Novalis, 2001, p.65).

Trata-se de pensar o ser da arte como o lugar de uma existência perfeita – espaço para o qual o próprio indivíduo pode se transportar. Sob essa perspectiva, é o crítico quem determina o ser de uma determinada obra, que se permite tocar por ela, que garante, sobremaneira, a existência dela. A obra é o que quer que seja na medida exata em que o crítico se permite afetar por ela, na medida exata em que ele pode produzir, reproduzir ou validar a existência dela em função de si mesmo, como parte de si mesmo. É um afetar que põe em movimento não só suas faculdades judicativas, mas que altera profundamente seu próprio conhecimento:

> Como destacou Benjamim, para os românticos valia a máxima: "cada essência conhece apenas aquilo que é igual a ela mesma e só pode ser conhecida através de essências que são iguais a ela. Com isto toca-se na relação entre sujeito e objeto do conhecimento, que, segundo a concepção romântica, não desempenha nenhum papel com relação ao autoconhecimento". (Seligmann-Silva, 1999, p.71)

A obra altera o conhecimento, mas não modifica essencialmente o conhecimento de si mesmo. Como já dissemos aqui, a percepção de si depende da infinita autorreflexão; já a crítica está subordinada ao gesto reflexivo puro, como percepção e desvelamento dos caracteres essenciais do objeto percebido, analisado e criticado. Seguindo essa perspectiva, o fragmento 51 das Observações Entremescladas é bastante esclarecedor:

> O interessante é aquilo que me põe em movimento, não em vista de mim mesmo, mas apenas como meio, como membro. O *clássico* não me perturba – afeta-me apenas indiretamente, através de mim mesmo – Não está aí para mim como clássico, se eu não o ponho como um tal, que não me afetaria se eu não me determinasse – me tocasse – eu mesmo à produção

POÉTICA DO ROMANTISMO 117

dele para mim, se eu não destacasse um pedaço de mim mesmo e deixasse desenvolver-se esse germe de um modo peculiar perante meus olhos – um desenvolvimento que frequentemente só precisa de um momento – e coincide com a percepção sensorial do objeto – de modo que vejo perante a mim um objeto, no qual o objeto comum e o ideal, *mutuamente interpenetrados*, formam um único prodigioso indivíduo. (Novalis, 2001, p.65)

É o trabalho crítico, o esforço de se colocar em obra, na obra, que cria essa unicidade entre o objeto percebido e seu correlato ideal, gerado a partir da consciência reflexiva do observador. Cabe ao crítico manter uma relação de proximidade e transformação com a obra. Ele não deve ser um mero comentarista. Na verdade, a função primordial do crítico é expor – como quem disseca – a essência e a estrutura mais funda da obra, é relacionar-se com ela de forma a estabelecer um diálogo declarado que sirva como uma porta de entrada para a compreensão de suas múltiplas verdades, de seus absolutos sentidos:

> Resenhistas são funcionários de polícia literários. Médicos fazem parte dos funcionários de polícia. Por isso deveria haver revistas críticas que tratassem os autores medicinal e cirurgicamente, em conformidade com as regras da arte, e não se limitassem a seguir a pista da doença, e dá-la a conhecer com malevolência. Os métodos de cura existentes até agora eram na maior parte bárbaros.
>
> Genuína polícia não é meramente defensiva e polêmica contra o mal existente – mas procura melhorar a disposição doentia. (Fragmento 113 das Observações Entremescladas, idem, p.97)

Essa linguagem simbólica adotada por Novalis é que, verdadeiramente, eleva seus fragmentos à condição de obras de arte. É como um acordo tácito com a linguagem, com a *poiesis*, de que ele, na condição de artista, lança mão para elaborar seu repertório crítico. É interessante notar que a figura do crítico enquanto médico, que trata os autores "medicinal e cirurgicamente", nos remete às correntes teóricas e críticas da modernidade, que analisariam a obra e os autores a partir de um movimento investigativo que cuidaria de revelar as estruturas mais íntimas do processo criativo, buscando uma leitura minuciosa das re-

118 MÁRCIO SCHEEL

lações estabelecidas entre forma e conteúdo, significante e significado, enunciação e enunciado. Uma leitura que privilegia a compreensão imanente das partes, dos entrechos, das microestruturas que compõem o todo da obra. Dessa forma, o fragmento de Novalis já anuncia uma determinada postura crítica que, por outras vias e a partir de diferentes posições, caracterizará algumas correntes teóricas modernas, como o formalismo russo ou o estruturalismo francês, por exemplo. É preciso entender o crítico como o verdadeiro leitor, e o leitor como o autor amplificado, potencializado, que absorve a obra – seu objeto de atenção – e a ressignifica em sua própria escritura.

No fragmento 125 das Observações Entremescladas, temos a definição dessa ideia e uma espécie de síntese das perspectivas críticas desenvolvidas por Novalis nos fragmentos até aqui discutidos:

> O Verdadeiro leitor tem de ser o autor amplificado. É a instância superior, que recebe a causa já preliminarmente elaborada da instância inferior. O sentimento, por intermédio do qual o autor separou os materiais de seu escrito, separa novamente, por ocasião da leitura, o que é rude e formado no livro – e se o leitor elaborasse o livro segundo sua ideia, um segundo leitor apuraria ainda mais, e assim, pelo fato de a massa elaborada entrar sempre de novo em recipientes frescamente ativos, a massa se torna por fim componente essencial – membro do espírito eficaz.
>
> Através da releitura *imparcial* de seu livro o autor pode ele mesmo apurar seu livro. Com estranhos, o peculiar costuma perder-se, porque é tão raro o dom adentrar plenamente numa ideia alheia. Frequentemente com o próprio autor. Não é nenhum indício de maior cultura, ou de maiores forças, fazer sobre um livro a censura certa. Diante de impressões novas a maior agudeza do sentido é totalmente natural. (idem, p.103-5)

O conceito de crítica, então, não se distancia do Ideal romântico de *poiesis*. A criação, a poesia, é uma forma simbólica de exposição, e a "'forma simbólica' é a fórmula sob a qual é resumido o alcance da reflexão para a obra de arte" (Benjamin, 1999, p.103). Desse modo, a ideia de poesia universal progressiva como uma criação do espírito que busca superar e promover o apagamento dos limites impostos aos gêneros literários de uma forma geral volta-se sobre o fragmento literário

POÉTICA DO ROMANTISMO 119

e o transforma em parte desse projeto transcendente de criar uma arte e um pensamento reflexivo ilimitado, que procura o entendimento e a dissolução de todos os modelos definidos de exposição e realização da obra. Assim como o fragmento é uma forma única de exposição, a percepção crítica do fenômeno literário tem de privilegiar, igualmente, a singularidade de cada obra. Para os românticos, a obra de arte, assim como o gesto reflexivo, tem de ser perfeitamente coerente com o Ideal poético, e a crítica depende do "conhecimento da essência da unidade absoluta da arte" (idem, p.100)

A ideia de uma poesia transcendental, que aboliria as fronteiras entre os gêneros e levaria a arte ao encontro de sua unidade absoluta, só poderia estar mesmo na dependência de uma ruptura com os antigos modelos de representação. Daí a relação ambígua que os românticos sempre mantiveram com Goethe. O poeta de *Poesia e Verdade* acreditava nesses modelos e afirmava o valor canônico das obras gregas da Antiguidade em relação à modernidade:

> Os românticos queriam tornar absoluta a regularidade da obra de arte. Mas é apenas com a dissolução da obra que o momento do casual pode ser dissolvido ou, antes, transformado numa regularidade. Daí os românticos consequentemente terem tido de levar a cabo uma polêmica radical contra a doutrina goethiana acerca do valor canônico das obras gregas. Eles não podiam reconhecer modelos, obras autônomas fechadas em si, configurações cunhadas de modo definitivo e subtraídas à progressão eterna. (idem, p.119)

Reconhecer o valor canônico dessas obras significaria o comprometimento do ideal de arte e poesia como projeto futuro, infinito, que se desenvolve no tempo como parte de uma totalidade em devir. Os modelos e formas fechadas de representação afetariam, diretamente, a ideia mesma do fragmentário como exposição perfeita da individualidade única da obra. O fragmento é a forma viva desse projeto futuro. É o que Novalis nos deixa entrever no fragmento 123 das mesmas Observações Entremescladas:

> Nada mais poético que recordação e pressentimento, ou representação do futuro. O presente costumeiro vincula ambos por limitação – Nasce

120 MÁRCIO SCHEEL

contiguidade, por solidificação – cristalização. Há porém um presente espiritual – que identifica ambos por dissolução – e essa mescla é o elemento, a atmosfera do poeta. Não espírito é matéria. (2001, p.103)

Ou no fragmento 124:

As representações da antiguidade atraem-nos para o morrer, o desvanecer no ar – as representações do futuro – impelem-nos ao vivificar – ao corporificar, à eficácia assimilante.
Por isso toda recordação é melancólica – todo pressentimento, alegre.
Aquela modera a vivacidade demasiado grande – este eleva uma vida fraca demais. (idem, ibidem)

Ambos os fragmentos revelam esse projeto romântico de uma poesia que se engendra como superação de todos os modelos estabelecidos de criação, o ideal romântico de que as formas de representação – assim como a arte – devem acenar para o futuro. Temos, desse modo, uma dupla temporalidade, marca do conflito romântico entre ideal e real: de um lado, o presente comum, o acontecer aqui e agora do indivíduo e da arte; de outro lado, o presente espiritual, lugar da reflexão, que se caracteriza por sua tendência à infinitude do ato reflexivo, logo por sua marca atemporal, em progressiva construção. É o presente espiritual que identifica recordação, pressentimento e representação do futuro na essência da criação artística. Mas mesmo o conceito romântico de história transparece, também, como um absoluto que se organiza a partir de seus dados essenciais, como uma totalidade que se constrói a partir dos dados – as partes, os fragmentos – históricos:

O historiador organiza seres históricos. Os dados da História são a massa, a que o historiador dá forma – por vivificação. Consequentemente também a História está sob os princípios da vivificação e organização em geral e antes que esses princípios não estejam aí, também não há nenhuma genuína formação-de-arte histórica – mas nada, senão aqui e ali, traços de vivificações casuais, onde reinou *involuntário* gênio. (Fragmento 92 das Observações Entremescladas, idem, p.89)

POÉTICA DO ROMANTISMO   121

A "genuína formação-de-arte histórica" partilha dessa busca romântica da vivificação do mundo, dos seres, da arte. Vivificar é conceber a singularidade das coisas em vistas de si mesmas e da reflexão que despertam no sujeito. O que equivale a dizer: a vivificação solicita sempre o novo, o original, o inaudito e o imprevisível. A unicidade da obra depende sempre de seu caráter inovador, de sua força geradora, de sua capacidade de alterar até mesmo a percepção histórica do fenômeno literário. A criação é o espaço de uma singularização que, necessariamente, tem de se dar em absoluto. Nesse sentido, a repetição de antigos modelos, de formas fechadas de representação que se fundamentam na tentativa goethiana de afirmar a urgência canônica da poesia grega, significaria prescindir dessa busca pelo singular, pelo original, pela obra que se põe em movimento e acena para o futuro da arte. Na base desse pensamento, o impulso transcendental da poesia, da arte e da crítica:

> Porque a poesia grega foi caracterizada por ele [Schlegel] como real, e a moderna como Ideal, ele cunhou o termo "poesia transcendental" numa alusão mistificadora ao debate filosófico totalmente diverso, entre o idealismo e o realismo metafísicos, e sua solução via o método transcendental em Kant. (Benjamin, 1999, p.101)

Mais uma vez, é preciso ressaltar a estreita dependência que a teoria literária ensaiada pelos românticos manteve como o pensamento filosófico da época. O próprio Walter Benjamin ressalta a importância de Kant sobre as ideias de Schlegel. Com Novalis, essa aproximação também não é muito diferente: o fragmento 77 das Observações Entremescladas nos dá a medida exata da importância da filosofia kantiana sobre o conceito de crítica:

> Nos primeiros tempos da descoberta da faculdade de julgar cada novo juízo era um achado. O valor desse achado aumentava quanto mais aplicável, mais frutífero era esse juízo. Sentenças que nos parecem agora muito comuns requeriam ainda um desacostumado grau de vida do entendimento. Era preciso mobilizar gênio e sagacidade para, mediante o novo utensílio, encontrar relações novas. A aplicação desse utensílio aos lados mais pecu-

liares, mais interessantes e mais universais da humanidade tinha de suscitar eminente admiração e atrair a atenção de todas as boas cabeças. Assim nasceram as massas gnômicas, que a todos os tempos e em todos os povos foram tão altamente estimadas. Seria facilmente possível que nossas descobertas geniais de agora fossem atingidas no curso dos tempos por um destino semelhante. Poderia facilmente chegar um tempo, onde tudo isso fosse tão comum, como são agora as sentenças morais, e descobertas novas, mais sublimes, ocupassem o espírito sem descanso do homem. (2001, p.81-3)

O fragmento abre-se em direção a dois momentos distintos e complementares: em um primeiro momento, a *Crítica da faculdade de julgar* kantiana ofereceu aos românticos uma nova forma de perspectivar a obra de arte, voltando-se para as particularidades significativas da própria obra e criando a ideia do juízo crítico como uma descoberta incessante que só ganha validade na medida em que for verdadeiramente aplicável, em que puder encontrar relações novas no interior da obra. A normatividade das formas deixa de ser o critério de análise crítica: o valor da obra só pode ser determinado por sua originalidade, por cada novo juízo que é capaz de despertar na e por meio da faculdade de julgar. Essa imposição leva ao segundo momento aberto pela formulação novalisiana: o desenvolvimento progressivo da faculdade do juízo. É a crítica enquanto formulação da singularidade da obra de desenvolver-se no tempo, de estar sempre em curso, diretamente ligada à criação em si mesma, o que validaria as posições assumidas por Novalis nas últimas afirmações do fragmento, ou seja, de que as descobertas que os românticos vinham promovendo só poderiam mesmo ser confirmadas no decorrer do tempo, ao longo da história.

O problema é que, de certa forma, as formulações teóricas dos românticos não sobreviveriam a si mesmas: elas acabaram sendo gradativamente confundidas com os ideais de apreciação objetiva da arte, historicamente ordenada e situada. Essa crítica constantemente em construção, levada ao plano reflexionante do pensamento, múltipla, diversa, que se permite fundir com a *poiesis* criadora, acabou perdendo-se nos limites invioláveis do pensamento sistematizante que os teóricos surgidos depois de Schlegel e Novalis buscaram conceber. Na esteira dessa nova concepção – essencialmente moderna – passaria a imperar

POÉTICA DO ROMANTISMO 123

a regularidade normativa das teorias sociológicas, formalistas ou estruturalizantes (já nas últimas décadas do século XIX, no alvorecer e ao longo de todo o século XX), consolidadas em grande parte graças ao desenvolvimento da linguística, que reivindicam para si um estatuto de ciência objetiva, fundamentam-se na história da literatura como o sistema definido e depositário das regularidades e dos padrões preestabelecidos da criação e prescindem da filosofia sob o argumento de que esta só é capaz de lidar com as dimensões especulativas da estética, com a ideia de Beleza ou Verdade da arte, e não com o rigor construtivo que a obra demanda. Foi assim que "a primeira teoria moderna da literatura se elaborou ao longo de apenas quatro anos (1797-1800)" para "depois deste curtíssimo florescimento, a crítica, no sentido do horizonte aberto pelos três tratados kantianos" assumir um caminho radicalmente distinto, sendo que "sua dissolução se exprime tanto pelo reaparecimento de critérios objetivos e predeterminados para o julgamento valorativo, quanto pelo papel de que agora a história literária se investe" (Costa Lima, 1993, p.192-239).

O fragmento literário como crítica: a *poiesis* em Novalis

Para compreender a importância do trabalho teórico-criativo de Novalis para a crítica literária do primeiro romantismo alemão e para o desenvolvimento de uma teoria da literatura aplicada e determinada pelos movimentos de uma filosofia da linguagem, de um discurso que se orienta e se deixa guiar pela *poiesis* criadora, é preciso divisar que Novalis concebe uma espécie de pensamento estético e filosófico muito particular, como já vimos, que se expande aos gêneros literários e acaba por privilegiar o fragmento literário como forma de investigação filosófica, teórica, crítica e criativa, forma esta que se fundamentou nas obras historicamente arruinadas, fragmentadas e dispersas que os filósofos da Grécia antiga legaram à posteridade. A diferença, como já vimos, é que o fragmento literário só se transformou em gênero, em essência mesma da ideia de crítica e criação, no primeiro romantismo alemão.

Além de um estudioso atento da filosofia kantiana, um comentarista criterioso – um dos primeiros – da *Doutrina da Ciência* de Fichte e um investigador incansável das questões filosóficas concernentes à existência, o conhecimento e a arte, escritor e crítico, Novalis foi o poeta dos *Hinos à noite*, marco inaugural do primeiro romantismo alemão que já permite entrever, em sua realização, a teoria que Schlegel formularia, poucos anos depois da publicação dos *Hinos*, acerca da poesia romântica como uma poesia universal progressiva. Novalis deve ser entendido como um pensador e um teórico – da mesma envergadura de Schlegel – que alia, em uma única personalidade, as tendências determinantes desse primeiro momento romântico alemão: a criação artística e a crítica, a poesia e o pensamento filosófico, a *poiesis* e a teoria. E é a partir de uma crença inquebrantável no poder criador da poesia que Novalis vai fazer do fragmento literário o espaço de confluência entre criação e crítica.

Grande parte dos fragmentos que constituem *Pólen*, principalmente os constantes das Observações Entremescladas, dizem respeito à aproximação entre o impulso criador e a essência mesma da filosofia: a investigação, a reflexão. Procuramos, até aqui, demonstrar como poesia e filosofia estiveram intimamente comprometidas com o ideal de crítica e teoria literária desenvolvido pelos primeiro românticos alemães. Mas Novalis, enquanto poeta, foi o que mais radicalmente se aproximou do absoluto apagamento das fronteiras definidas dos gêneros literários: do pensamento filosófico ao romance de fundo poético-metafísico, da poesia à crítica e à teoria, ele fez do fragmento literário o espaço da análise, do comentário, da teorização e da realização artística por meio de uma linguagem plenamente livre, que instaura a poesia no centro de todo gesto criador, lançando as bases daquela perspectiva romântica segundo a qual apenas a total comunhão entre conhecimento, reflexão e *poiesis* pode levar a um julgamento fundante, verdadeiramente novo, original, que passa a perceber a obra de arte literária a partir de sua própria singularidade, de sua absoluta unicidade.

Assim, para um entendimento aprofundado das relações estabelecidas entre crítica e criação, e a forma como essa aproximação se realiza efetivamente no interior dos fragmentos literários novalisianos, deve-

POÉTICA DO ROMANTISMO 125

mos pensar como o crítico e o poeta fundem-se totalmente. Para tanto, basta empreendermos uma leitura atenta de alguns dos 29 fragmentos que compõem duas das seções centrais e determinantes de *Pólen*, a saber: Poesia e Poeticismos. Na primeira, encontramos um conjunto de fragmentos que procura definir a essência mesma do ideal de poesia teorizado pelos primeiros românticos: a progressividade; o caráter autorreflexivo; a capacidade de estabelecer relações insuspeitadas entre as ideias, os sentimentos e as palavras; a abertura para a filosofia; sua potência criadora; enfim, sua força transcendente. No que diz respeito aos fragmentos denominados Poeticismos, encontramos um conjunto de observações que se voltam sobre as questões dos gêneros, sobre alguns nomes importantes da literatura de então e sobre as relações da poesia com as outras artes. Além dos fragmentos que compõem essas duas seções, recorreremos, sempre que julgarmos oportuno, àqueles que constituem o entrecho denominado Fragmentos I e II.

Teoria, crítica e criação em Novalis

Eloá Heise, no ensaio *Novalis: o mundo romantizado*, afirma que:

> Novalis é um dos representantes da primeira fase do romantismo alemão cuja obra alia criação poética e reflexão sobre a poesia, ou ainda, sua concepção de arte transforma-se em um meio de reflexão. Este é um dos fatos que emprestam aos românticos alemães parte de sua grande importância: a penetração crítica aliada à originalidade de suas obras. Com isto, os textos críticos dos românticos representam verdadeiros manifestos contra os preceitos normativos da Antiguidade, iniciando uma tradição que se estende até os nossos dias: a conjugação entre teoria e prática, entre poesia e poética. (1994, p.28)

É central para a compreensão das perspectivas teóricas e críticas de Novalis a ideia de *poiesis*, aquele discurso, aquela espécie de discurso crítico que compartilha da capacidade verbal-criadora do poeta, tornando-se, ele mesmo, uma forma de criação artística que se limita ao mesmo tempo em que define a obra de arte que investiga ou considera. A *poiesis* chega a ser uma exigência de estilo para os criadores-teóricos do romantismo alemão, principalmente para Novalis, que não distingue a investigação filosófica desse potencial metafórico, estilístico e artístico à qual só a *poiesis* é capaz de dar vazão. Não se trata unicamente de definir criticamente os caminhos e as tendências do pensamento criador humano nem simplesmente de desenvolver uma nova filosofia da linguagem, como é a proposta implícita de Novalis, mas também de dar um caráter de obra de arte às suas novas definições.

Assim, na introdução ao livro *Neorretórica e desconstrução*, de David Wellbery, o crítico e professor brasileiro Luiz Costa Lima afirma que:

> Não há possibilidade de crítica sem *poiesis*, isto é, sem que o crítico partilhe da capacidade verbal-criadora inerente ao poeta. Ou, como diria Geoffrey Hartman, sem um *fictional drive*. Fora disso, ele poderá quantificar, ter em conta os acidentes, os entrechos, o uso certo ou irregular dos metros, a facilidade ou dificuldade neste ou naquele recurso, mas nada que seja competir com a própria vida da obra. Por isso mesmo, malgrado as histórias da crítica em muitos volumes, são raros os críticos. (1998, p.8)

Desse modo, há um cruzamento inevitável entre poesia e crítica por meio da filosofia da linguagem que, apesar de não sistematizada, aparece de forma explícita e bastante intensa na obra do poeta alemão, e que fará do fragmento sua forma mais peculiar e característica de expressão.

A designação através de sons e traços é uma abstração admirável. Quatro letras designam Deus – Alguns traços um milhão de coisas. Quão fácil se torna aqui o manejo do universo! quão visível a concentricidade do mundo dos espíritos! A gramática é a dinâmica do reino dos espíritos! Uma palavra de comando move exércitos – a palavra liberdade – nações. (Novalis, 2001, p.37)

Márcio Seligmann-Silva, em *Ler o livro do mundo*, faz a seguinte colocação:

POÉTICA DO ROMANTISMO 127

Novalis falou, por exemplo, de uma "linguagem *a priori*": "A linguagem e os signos linguísticos nasceram *a priori* da natureza humana e a linguagem originária era autenticamente científica – Reencontrá-la é o objetivo do gramático". Ele também expressou esta mesma ideia quando escreveu "sobre o tempo no qual pássaros, animais e árvores falavam", ou seja, sobre o mundo realizado do conto de fadas, pois: "o autêntico conto de fadas deve ser ao mesmo tempo exposição profética – exposição ideal [...] O autêntico autor de contos de fada é um visionário do futuro". Ou seja, passado remoto (a "época" da linguagem originária) e futuro profético (antevisto nos contos de fada) se refletem. (1991, p.23-4)

O fragmento seria então uma forma capaz de potencializar o sentido da investigação filosófica porque requer um alto grau de síntese e conhecimento da matéria exposta para levá-la a um entendimento real, reduzindo às suas possibilidades um modo novo e determinado de aprender e apreender o mundo, a literatura, as artes e o próprio ser. É o que podemos observar no fragmento seguinte:

A distinção entre ilusão e verdade está na diferença de suas funções vitais. A ilusão vive da verdade; a verdade tem sua vida em si. Aniquila-se a ilusão, como se aniquilam doenças, e a ilusão portanto nada é senão incandescimento lógico ou apagamento, exaltação ou filisteísmo. Aquela costuma deixar atrás de si uma aparente deficiência de faculdade de pensar, que não pode ser removida por nada, a não ser uma série decrescente de incitamentos, meios coercitivos. Este passa frequentemente a uma enganosa vitalidade, cujos perigosos sintomas de revolução só podem ser repelidos através de uma série crescente de meios violentos. Ambas as disposições só podem ser alteradas através de curas crônicas, seguidas com rigor. (Novalis, 2001, p.38)

Philippe Lacoue-Labarthe e Jean-Luc Nancy, em *L'Absolu Littéraire*, a propósito da ideia de uma poesia progressiva universal defendida pelos românticos, afirmam que o "fragmento deve ter os traços da obra, e da obra de arte" (1978, p.63). O fragmento é um reflexo do mundo estilhaçado no qual os românticos se encontravam e que eles refletem no interior de suas obras. Essa é a ideia que Lacoue-Labarthe e Nancy defendem em seu ensaio: a de que o fragmento vive dessa linguagem nova criada a partir dos impulsos de inovação e perscrutação do espírito, da investigação profunda da arte, do pensamento, da criação e da própria individualidade, inaugurada pelos românticos.

Afirmar que o fragmento deve ter os traços da obra de arte é compreender que o gênero surge e se desenvolve como uma secreta forma de escritura, afirmada a partir dos ideais artísticos e estéticos da criação. Ainda que se volte para a crítica, o comentário, a especulação de fundo filosófico ou a iluminação teórica, ele não deixa de ser uma aventura literária, uma abertura para o poético como uma forma de rever e reordenar o próprio pensamento crítico. Se a poesia, enquanto gênero, é uma forma de fazer da *poiesis* o espaço de reencontro do mundo, o lugar do ser na linguagem, o fragmento literário, ao pactuar com a *poiesis*, transforma-se no gênero por excelência da manifestação do pensamento, uma obra de arte que já não se propõe recriar o mundo, mas criar uma ponte entre a arte em si mesma – como manifestação do mundo, das coisas, das ideias e da própria existência – e o pensamento que tudo abrange e transfigura na sua tentativa de análise, entendimento, compreensão e exposição crítica.

Ao abrir-se para a *poiesis*, o fragmento rejeita, ao mesmo tempo, o vazio da retórica clássica e o jargão especializado do discurso filosófico, criando um canal de comunicação em que o pensamento se expressa a partir do diálogo que estabelece com o repertório verbal herdado da própria criação literária: metáforas, símbolos, figuras, adensamento e atomização da linguagem, associações de ideias, oxímoros, paradoxos, recortes insuspeitos e inesperados, em resumo, todos os caracteres essenciais da poesia, da arte poética. O fragmento concebe um pensamento crítico, teórico e filosófico que em de vez de simplesmente definir ou comentar as obras de artes, também as afirmará, trazendo para dentro de si, em uma espécie de diálogo em profundidade, os procedimentos estéticos que as tornam aquilo que elas são e que abolem sua temporalidade. O fragmento literário só se transforma em um gênero e em uma forma de composição porque se configura a partir do fenômeno poético e, assim, tal qual a *poiesis*, transcende o próprio tempo, sua historicidade singularizante, e se inscreve, também ele, como uma aventura da linguagem criadora. Assim, feito a poesia mesma,

POÉTICA DO ROMANTISMO 129

o fragmento literário configura-se como um constante devir, gênero que busca ir além dos limites históricos em que surge para tornar-se eterna possibilidade, obra historicamente em progresso, portanto atemporal, criação que não alcança nunca a totalidade, a completude, embora, como já afirmamos diversas vezes, não faça outra coisa que não seja buscar essa mesma totalidade, essa mesma completude. É o que podemos entrever no fragmento 31 de Poesia:

> A poesia eleva cada indivíduo através de uma ligação específica com o todo restante – e se é a filosofia que através de sua legislação prepara o mundo para a influência eficaz das ideias, então poesia é como que a chave da filosofia, seu fim e sua significação; pois a poesia forma a bela sociedade – a família mundial – a bela economia doméstica do universo.
>
> Assim como a filosofia, através de sistema e Estado, *reforça* as *forças* do indivíduo com as forças da humanidade e do todo cósmico, faz do todo o órgão do indivíduo e do indivíduo o órgão do todo – Assim a poesia, a respeito da vida. O indivíduo vive no todo e o todo no indivíduo. Através da poesia nasce a suprema simpatia e coatividade, a mais íntima *comunidade* de finito e infinito. (Novalis, 2001, p.121)

O fragmento afirma a necessidade de superar a dissidência entre filosofia e poesia. Essa superação depende da aceitação de que a "poesia é como que a chave da filosofia" – a comparação é perfeita se pensarmos que o poético, para os românticos alemães, era uma abertura, uma passagem, um lugar em que se dá vazão aos impulsos do pensamento, às questões decisivas para o desvelamento de tantas essencialidades: do ser e do mundo, dos homens e das coisas, da arte e da criação estética. A ideia de confluência que perpassa essas relações abertas pela "filosofia poética" romântica é determinante: tudo deve estar sob a marca de um compartilhar incessante: se a filosofia prepara o indivíduo para a comunhão com o Estado e o "todo cósmico", se a filosofia lhe revela sua condição de parte desse mesmo todo, é a poesia que se encarrega de promover esse mesmo compartilhar em relação à própria vida: é a poesia que resgata o indivíduo da dispersão, é ela que o eleva à ligação essencial com o todo. O fragmento de Novalis, como podemos perceber, coloca a poesia como um meio de resgatar o indivíduo de sua dispersão absoluta, colocando-o novamente em contato com o todo restante.

Totalidade: o fragmento faz circular a ideia, decisiva para o pensamento de Novalis, de resgate da totalidade perdida. Não basta reconhecer simplesmente essa perdição. É preciso restaurar, pela própria fragmentação, a totalidade arruinada. Essa busca, como é típico no pensamento romântico, impõe-se como um oxímoro, uma contradição tão forte que não pode ser resolvida no plano da obra, mas apenas na possibilidade de aproximar o caráter transcendente de toda poesia da marcha constante dos pensamentos, da progressividade reflexiva, que torna cada julgamento único e cada concepção artística ou filosófica, cada obra mesma, algo igualmente único. O oxímoro só pode ser resolvido na proposta de uma crítica reflexiva que alie finito e infinito em si mesma, como a própria poesia: "Através da poesia nasce a suprema simpatia e coatividade, a mais íntima *comunidade* de finito e infinito". Simpatia e coatividade são metáforas perfeitas desse ideal de confluência que se realiza no interior do projeto fragmentário: concebe-se um "sistema de fragmentos que se correspondem e se determinam mutuamente *gerando* o todo, isto é, a obra, que por sua vez está fadada a permanecer sempre fragmentária, pois a sua "disseminação" é um dado *a priori* e não um simples capricho" (Seligmann-Silva, 1999, p.59).

Essa "filosofia poética" romântica, em vez de voltar-se exclusivamente para uma ontologia, uma investigação profunda do ser – o faz, sim, em suas obras –, volta-se também para si mesma, em uma tentativa de autoelucidação do ato criativo. Nesse sentido, o fragmento, além de tudo, tem um forte traço metalinguístico, porque faz da linguagem sua forma e seu conteúdo. A metalinguagem como matéria e, ao mesmo tempo, como discurso elaborado e orientado, que explica a si mesmo durante o processo criativo, ganha contornos mais ou menos definitivos com os escritores e teóricos do romantismo, influenciando determinadas tendências literárias, bem como boa parte da crítica surgida e consolidada com a modernidade de Baudelaire, Rimbaud, Mallarmé, Valéry, entre outros:

POÉTICA DO ROMANTISMO   131

Também a linguagem é um produto do impulso de formação orgânico. Assim como este forma por toda parte o mesmo, sob as mais diversas circunstâncias, assim forma-se também aqui através de civilização, através de crescente formação e vivificação, a linguagem como profunda expressão da ideia de organização, como sistema de filosofia. (Novalis, 2001, p.153)

A linguagem toda é um postulado. Ela é de origem positiva, livre. Foi preciso fazer um acordo de, por ocasião de certos signos, pensar certas coisas, construir em si propositalmente algo determinado. (idem, p.154)

A preocupação dos românticos com as questões da linguagem justifica-se ao pensarmos na relação que eles estabelecem entre o ser e a obra, entre a individualidade, o subjetivismo e a Natureza que buscam sobremaneira expressar. A luta dos românticos para dar forma ao mundo, informá-lo esteticamente, é a mesma luta no sentido de se autodescobrir, de compreender os motivos do espírito, de expressar o próprio ser. Muitos dos métodos dos quais os primeiros românticos (Novalis principalmente) lançaram mão em sua busca por uma expressão absoluta do ser resistiram ao tempo e chegaram mesmo a influenciar as escolas modernas de vanguarda:

Os românticos rebelam-se contra as formas acadêmicas e artificialmente puras, apregoando a mescla de todos os gêneros e campos científicos. Esta combinação das diferentes representações da linguagem da alma não significa uma fusão destas formas, mas uma mistura, uma maneira viva, nova e dinâmica de apreender o mundo. Relacionando o conceito de "mistura" com concepções estéticas modernas, podemos lembrar, por exemplo, que a reutilização, sob forma de montagem, tornou-se um dos princípios regentes dos movimentos de vanguarda. (Heise, 1994, p.30)

A originalidade de Novalis consiste em ter unido a capacidade verbal-criadora do poeta a um discurso crítico e teórico, na tentativa quase sobre-humana de transformar o discurso poético-crítico em poesia filosófica, em filosofia da criação, da linguagem. Novalis alcançou, dessa forma, o que Luiz Costa Lima chama de "a raridade do crítico":

A raridade do crítico é a mesma em todas as línguas que conheço. Onde está pois sua raridade? Na extraordinária capacidade de combinar sensibilidade teórica e analítica, i. e., de harmonizar uma proposição abstrata com uma captação particular; em converter uma em alimentação para a outra. (1998, p.8)

O fragmento literário como uma forma de exposição crítica e de criação estética, de confluência entre esses dois pontos inter-relacionados da circulação da obra de arte literária está, ele mesmo, estruturado sobre duas bases decisivas em que a *poiesis* se articula. Entender a raridade crítica dos fragmentos de Novalis é perceber que eles se constituem, ao mesmo tempo, a partir dos dois grandes tropos artísticos: a metáfora e a metonímia. São essas duas formas de expressão que singularizam e justificam o caráter de "pequena obra de arte" dos fragmentos. Como já afirmamos em diversas oportunidades, a concepção romântica de fragmento literário surge a partir da crise na crença de que os grandes sistemas de representação podem se configurar, no plano da exposição, como uma totalidade absoluta. Para Novalis, essa totalidade só pode ser alcançada como um projeto futuro, tendo em vista a ruptura e a descontinuidade de todo padrão de pensamento, de todo modelo definido de exposição. O fragmento afirma-se como uma individualidade única, que acena para a totalidade perdida, que se fundamenta nos contornos da descontinuidade radical que a forma sugere.

Dito isto, podemos concluir que, no plano da exposição, o fragmento literário representa um recorte metonímico dessa totalidade perdida, uma forma de estabelecer, em si mesmo, a descontinuidade e a ruptura proposta em relação aos modelos clássicos de exposição e criar, de acordo com essa perspectiva, uma relação de contiguidade entre cada uma das partes que constituem o todo dessa proposta de teoria, crítica e criação. Vale lembrar: proposta futura, tomada do pensamento filosófico romântico, que se coloca de acordo com os termos de uma reflexão incessante, que traz para dentro de si todos os objetos sobre as quais se volta, na tentativa de definir a essência mesma desses objetos. Nesse sentido, deve-se ressaltar que o conceito alemão de *Fragment* tem sua raiz no verbo *fragen*, ou interrogar. Esse interrogar é o prin-

POÉTICA DO ROMANTISMO 133

cípio da reflexão. Enquanto recorte metonímico, o fragmento denota plenamente essa ideia de reflexão que nunca cessa, de estrutura que nunca se fecha, de abertura crítica infinita, que se constrói como uma individualidade perfeita em si mesma, estabelecendo uma relação de proximidade entre cada fragmento, ao mesmo tempo em que anuncia, no plano da apresentação, da *Darstellung*, a potência metafórica da *poiesis* criadora.

Assim, no plano da *Darstellung*, o fragmento literário deve pactuar incisivamente com o tropo metafórico, que associa, por meio do jogo semântico, de uma inviolável similaridade significativa, os conteúdos expressos. A reflexão infinita depende da abertura infinita de sentidos, própria da criação poética. Nesse sentido, temos outro dado importante do modo como Novalis procura resgatar a dependência entre poesia e filosofia rejeitada pelo pensamento platônico que, durante séculos, serviu de perspectiva à cisão estabelecida entre a filosofia como uma forma de acesso ao conhecimento e à verdade e a poesia como expressão artística voltada para o prazer da contemplação estética, para o deleite e a fruição, mas incompatível com o pendor reflexivo que a filosofia solicita. A abertura infinita de sentidos que a poesia engendra é o que faz dela uma força transcendente, pactuária do pensamento filosófico:

> Não vale a pena insistir mais no fato de que esta teoria e prática da filosofia representaram uma evidente crítica aos padrões da filosofia da época, baseados em sistemas abrangentes e procedimentos predominantemente analíticos. Os românticos, por sua vez, defenderam uma razão analógica, um procedimento que mesclava o trabalho do conceito ao das imagens, a filosofia à retórica, unia a poesia à filosofia, e ainda incorporava um conceito paradoxal de verdade (ou Absoluto) que tentava pôr lado a lado o ideal e o histórico. (Seligmann-Silva, 1999, p.59)

William Wimsatt e Cleanth Brooks, em *Crítica literária*, afirmam:

> A poesia assim concebida seria uma espécie de filosofia, a filosofia mais criadora e mais elevada. Substituiria a filosofia vulgar. A poesia – a arte – constituía o facto supremo. "A poesia", escreveu Novalis num dos seus fragmentos, "é uma genuína realidade absoluta. É este o ponto es-

sencial da minha filosofia. Quanto mais poético, tanto mais verdadeiro". Estas especulações elevaram-se ainda mais descontroladamente, quando o idealismo subjectivo de Kant (no qual o domínio do intelecto humano estava limitado a aparências) foi alargado pelos seus discípulos até a fase do idealismo absoluto (onde toda a realidade é produto do eu), do eu interno, consciente, e do eu externo, inconsciente, em conflito mútuo (como em Fichte) ou reconciliados num eu superior, estético e filosófico (como em Schelling). (s. d., p.451-2)

A concepção do fragmento sobre os polos da metáfora e da metonímia caracteriza uma proposta de crítica muito bem definida, que se fia no ideal de construção progressiva da totalidade por meio da fragmentação e do desvelamento dos sentidos imanentes da obra a partir da pluralização de sentidos que os recursos francamente poéticos de que o crítico-escritor lança mão, põe em jogo e faz circular no interior dos fragmentos. É o que podemos divisar em um dos fragmentos teóricos de Schlegel:

A poesia só pode ser julgada pela poesia. Um julgamento de arte que não seja, ele próprio, uma obra de arte – quer pela substância, mostrando como ele nasce de uma impressão ligada à necessidade; quer por uma bela forma e um tom liberal no sentido da antiga sátira romana – não tem direito de cidadania no reino da arte. (apud Bolle, 1994, p.38)

E encontramos no fragmento 35 de Poesia ecos da afirmação de Schlegel:

Quem não é capaz de fazer um poema, também só o julgará negativamente. A genuína crítica requer a aptidão de produzir por si mesmo o produto a ser criticado. O gosto por si só julga apenas negativamente. (Novalis, 2001, p.122)

Ambos os fragmentos revelam a tendência romântica de fazer da crítica o próprio espaço da arte ou, nas palavras de Willi Bolle, "o conceito de crítica, basilar no romantismo alemão: a reflexão sobre o próprio fazer poético, a atitude autorreflexiva; a relação entre arte

POÉTICA DO ROMANTISMO 135

e crítica, a crítica como arte". Para Schlegel, a atitude crítica está na dependência mesma da poesia – só a criação pode julgar a criação, só ela pode fazer circular juízos que sejam tão originais e inovadores quanto a própria obra sobre a qual se debruça.

Novalis radicaliza a proposta de Schlegel. Para o poeta da flor azul, a validade da crítica, a determinação do juízo está diretamente ligada à própria condição do artista. Apenas aquele que é capaz de um produzir, de um gerar, de um criar algo absolutamente novo, distinto de toda experiência estética existente, pode se aventurar pelos limites da crítica: "o gosto por si só julga apenas negativamente". A ideia de gosto, aqui, é configurada a partir do ideal clássico de juiz de arte. Para os clássicos, o crítico é um juiz, um árbitro que se coloca como intermediário entre a obra e sua apreciação, confirmando ou rejeitando o valor desta a partir de sua estrutura normativa, regulada de acordo com os modelos definidos de composição:

> Não só o primeiro romantismo trouxe a crítica para *dentro* da literatura, ao contrário de mantê-la fora, conforme a tradição clássica, confundindo-a com o ato de um juiz que enuncia a inocência (valor) ou a culpa (falta de qualidade), quanto, com Schlegel, teve condições de verificar que o relacionamento entre poesia e crítica não se resolvia pela mera internalização desta naquela. (Costa Lima, 2002, p.115)

Na verdade, não se trata mesmo de internalizar, na crítica, a poesia, nem se trata de criar uma poesia-crítica. Trata-se de colocar a questão em termos francamente escriturais. O fragmento literário, como forma de exposição crítica, deve ser uma espécie de escritura rigorosamente original. O descarte novalisiano de todo crítico que não é capaz de criação não está condicionado unicamente à ideia de que apenas o poeta julga com clareza e discernimento o fenômeno literário. Ao contrário, o poeta é capaz de sugerir, partindo de sua linguagem cifrada, a força transcendente da poesia e da crítica em relação a qualquer modelo dado, situado no tempo, configurado como uma fórmula determinada de representação. As ideias, a reflexão e a forma como ambas se expressam devem ser regidas, unicamente, pela liberdade por meio da qual se apresentam. Apro-

136 MÁRCIO SCHEEL

ximar poesia e crítica, afirmando o julgamento livre do poeta, é abolir
todo sistema que se apresente a partir de postulados classificatórios:

> Novalis, por sua vez, tratou de levar ao paroxismo a valorização da
> poesia enquanto esfera insondável, esotérica, não conceituável e, portanto,
> não passível de ser submetida a qualquer classificação. Coerentemente
> com a sua teoria da insuficiência e pobreza da nossa linguagem cotidiana
> prosaica, ele afirma a impossibilidade do discurso sobre a poesia [...].
> (Seligmann-Silva, 1999, p.70)

A crítica precisa ser pensada a partir de sua força escritural. A questão
de assumir ou não essa crítica escritural é excepcionalmente bem proposta por Leyla Perrone-Moisés em *Texto, crítica, escritura*, uma análise
rigorosa do modelo de crítica concebido por Roland Barthes e por alguns
críticos modernos que se propunham, como tarefa central, pensar a obra
literária a partir de um discurso que se constrói como escritura, que se
afirma nesse compartilhar pleno entre crítica e arte, que faz do escritor
um teórico incessante, e da crítica uma forma de criação que alia o pendor
analítico e a *poiesis* escritural. Segundo Perrone-Moisés, a modernidade
abre duas possibilidades críticas: a primeira seria *científica*, que se arma
de um "aparato conceitual e metodológico da semiologia" (1993, p.29)
e que vai empreender uma descrição dos textos, das obras literárias.
A rigor, essa possibilidade crítica não está muito distante da proposta
clássica de crítica, contra a qual os primeiros românticos se levantaram.
Mudam-se as formas de descrição, agora fundamentadas na semiologia,
e não mais nos grandes tratados estéticos, como com os clássicos. Mas
essa postura metodológica-descritiva, por seu turno, acaba promovendo a manutenção de certa ideia de crítica como instância judicativa.

Ainda de acordo com a autora, a segunda possibilidade de crítica
anunciada pela modernidade é aquela que encontra na escritura seu
lugar primordial de expressão:

> O outro caminho é o da *escritura*, que privilegiará a produção de novos
> sentidos sobre a reprodução de sentidos prévios, que, ao invés de apenas
> ajudar a ler (a decifrar), dar-se-á à leitura como um novo ciframento. Esse
> discurso, constituído não como uma utilização instrumental da linguagem

POÉTICA DO ROMANTISMO 137

verbal mas como uma aventura no verbo não será uma metalinguagem mas entrará, em pé de igualdade com o discurso poético, na "circularidade infinita da linguagem" (Barthes). (idem, ibidem)

A rigor, essa postura crítica não é uma atitude contemporânea nem tem suas origens imediatas nas novas propostas teóricas surgidas com a modernidade. Sob vários aspectos, essa proposta começa a delinear-se e a ganhar contornos mais ou menos definidos a partir da teoria expressa por Novalis. Os fragmentos literários, como exposição crítica, como tentativa de compreender a arte e de teorizar sobre a criação poética, configuram-se como crítica escritural, como uma "aventura no verbo", um acordo tácito da crítica com a palavra mágica, inovadora, transcendente da poesia. No fragmento 32 de Poesia, podemos compreender melhor como o fragmento anuncia essa crítica escritural, que teoriza sobre os sentidos da criação a partir de uma linguagem cifrada, própria da natureza poética que, em vez de solicitar o distanciamento rigoroso entre o discurso crítico e o estético, mergulha vertiginosamente nele:

> O poeta conclui, assim que começa o traço. Se o filósofo apenas ordena tudo, coloca tudo, então o poeta dissolveria todos os elos. Suas palavras não são signos universais – são sons – palavras mágicas, que movem belos grupos em torno de si. Assim como as roupas dos santos conservam ainda forças prodigiosas, assim muita palavra foi santificada através de alguma lembrança magnífica e quase por si só já se tornou um poema. Para o poeta a linguagem nunca é pobre demais, mas é sempre universal demais. Ele frequentemente precisa de palavras que se repetem, que através do uso já esgotaram seu papel. Seu mundo é simples, como seu instrumento – mas igualmente inesgotável em melodias. (Novalis, 2001, p.121)

A crítica criadora manifesta-se não só nessa crença novalisiana no poder transcendente da poesia, em sua visão do poeta como aquele que dissolve "todos os elos", que liberta a linguagem de sua pobreza imediata pelas palavras "mágicas" suscitadas pela poesia, mas sim, e principalmente, na forma como o fragmento faz uso de um repertório figurativo de palavras e ideias, no modo como eleva a crítica e a teoria ao universo do puramente simbólico, das grandes analogias, das comparações insuspeitadas: as "palavras mágicas", "santificadas através de alguma lembrança magnífica", são como as "roupas dos santos" – um espaço, um lugar que guarda a própria ideia de santificação. As palavras, para o poeta, são sons, melodias inesgotáveis, que tornam sua linguagem universal demais. Cabe ao poeta fazer da poesia uma forma rica de comunicação, que põe o indivíduo em contato consigo mesmo e com todo o universo. Essa linguagem figurada acena para o ideal romântico de que todos os gêneros devem ser superados pela poesia, de que se deve prescindir das tentativas estéreis de classificação e buscar a linguagem essencial, a criação de uma obra ilimitada, eterna, livre, que põe o pensamento em um constante movimento, que eleva a arte e o próprio indivíduo a uma posição de pura transcendência – ou ao menos próximo dela, no limite do salto:

O artista ergue-se sobre o homem, como a estátua sobre o pedestal.

Assim como a massa está vinculada com o belo contorno, assim o passional com a descrição, na obra de arte.

O artista é inteiramente transcendental.

Poesia é a grande arte da construção da saúde transcendental. O poeta é, portanto, o médico transcendental.

A poesia reina e impera com dor e cócega – com prazer e desprazer – erro e verdade – saúde e doença – Mescla tudo para seu grande fim dos fins – a *elevação do homem acima de si mesmo.*

(Estes fragmentos correspondem, respectivamente, aos 38, 39, 40 e 42 de Poesia, idem, p.123)

Mais uma vez, Novalis afirma o caráter transcendental da ideia romântica de poesia. Em vez de uma descrição conceitual, em termos categoriais, por exemplo, ele o faz elevando a própria linguagem crítica a uma escritura do ciframento. Para compreender o poder transcendente da poesia romântica é preciso fazer de sua própria definição um jogo de sentidos que acena para o infinito, para o absoluto da própria transcendência. Superar os limites do signo, das "usadas" palavras,

POÉTICA DO ROMANTISMO 139

requer que o crítico promova um mergulho abissal no reino submerso da simbologia, da alegoria, da potência criadora da figurativização: o artista "inteiramente transcendental" é um símbolo, uma espécie de personificação da própria ideia romântica da poesia como uma busca pelo absoluto. Cifrar os sentidos no interior da crítica é uma forma de promover a disseminação dos sentidos: cabe ao leitor reconhecer a ausência plena de limites entre exposição teórica e criação artística; é tarefa do leitor penetrar esse jogo de infinitas significações que a linguagem poética faz circular.

O ideal de transformação que cerca a poesia, a criação, deve ser tão radical a ponto de elevar o próprio homem, de alterar drasticamente a existência, de fazer do próprio indivíduo uma manifestação do ideal da arte. Daí o poeta ser o "médico transcendental", daí a poesia mesclar tudo – dor e cócega, prazer e desprazer, erro e verdade, saúde e doença – no projeto de elevação do indivíduo, de transcendentalização da própria existência:

Para os românticos a poesia era ela mesma uma força *autopoiética* e irredutível. O *espírito* do texto constituiria um ser "infinito" (Schlegel 1963: XVIII, 115 [II 1044]). O absoluto literário que os primeiros românticos fundaram é também uma figura da sua filosofia, a saber da filosofia como *autopoiesis*. O discurso filosófico romântico é uma constante reflexão sobre esse absoluto que estaria na origem da filosofia e para o qual haveria apenas uma "expressão *sem-nome*" (Novalis 1978: II, 524). A crítica ao sistema origina-se justamente da impossibilidade de se nomear, "conceituar" e conhecer o *Absoluto* ("Assim que algo é sistema, então ele não é absoluto. A unidade absoluta seria algo como um caos de sistemas"; Schlegel 1964: XII, 5), sendo que esse absoluto, como vimos, não seria nada mais do que essa própria "busca". Por outro lado, com relação ao outro polo do sistema, o caos, Schlegel escreveu: "A essência do caos parece localizar-se na sua absoluta negatividade" (Schlegel 1963: XVIII, 228 [IV 406]). A Poesia — ou o poético, que pode atuar em qualquer discurso — seria a única forma de conhecimento do *todo* e, portanto, de "re-conhecimento" do Caos, porque ela seria a linguagem da *Umweg*, do desvio, que nos guiaria para o caminho que permite a *visão* correta desse todo. Essa concepção topográfica da verdade representa mais uma revolução romântica do que uma repetição e continuidade. À poesia caberia, portanto, não apenas a possibilidade de "salvar" o individual do domínio da abstração conceitual homogeneizadora, mas também a *perspectiva* que permite a visualização do todo. O percurso mais individual é na verdade o único possível e a única forma de se *ver* o "centro": "Eu pronunciei algumas ideias, que indicam para o centro, eu saudei a alvorada a partir da minha visão, do meu ponto de vista. Quem sabe o caminho, faça o mesmo a partir de sua visão, de seu ponto de vista" (Schlegel 1967: II 272), escreveu Schlegel referindo-se às suas próprias *Ideen*. (Seligmann-Silva, no prelo (a), s. p.)[1]

A citação é longa, mas esclarecedora dessa visão romântica sobre a importância da poesia, seu encontro com a filosofia, e o modo como a *poiesis* fundamenta a crítica, o pensamento, a reflexão infinita. A poesia é o lugar do reconhecimento, forma de instauração da verdade da arte, do pensamento, como amplitude de uma existência interior, individual, que deve empenhar-se completamente não só no que concerne à criação, mas também no próprio exercício crítico. Mas esse tornar-se escritura da crítica romântica não é visto com bons olhos por todos aqueles que se voltam para as questões da teoria e da crítica literária. René Wellek, por exemplo, na sua *História da crítica moderna*, faz severas restrições ao modelo de crítica proposto e desenvolvido por F. Schlegel e por Novalis:

> Às vezes, contudo, aceita a falácia da crítica "criadora". "A poesia só pode ser criticada pela poesia. Um julgamento sobre a arte que não seja também uma obra de arte, quer no assunto, quer como apresentação de uma impressão necessária em sua gênese ou em sua bela forma e num tom

---

1 Agradecemos ao professor Márcio Seligmann-Silva pela gentileza em ceder dois capítulos de uma obra ainda inédita para auxiliar-nos no desenvolvimento de nosso trabalho. A artigo supracitado foi também publicado no livro *Estudos anglo-germânicos em perspectiva*. Rio de Janeiro: Faculdade de Letras da UFRJ, 2002, p.89-103, organizado por Izabela M. Furtado, Ruth P. Nogueira e Silvia B. de Melo. O outro artigo cedido pelo professor foi "Alegoria, Hieróglifo e Arabesco: Novalis e a poesia como *poiesis*", publicado em *Poesia sempre*, Biblioteca Nacional, Rio de Janeiro, n.14, agosto/2001, p.179-188. Como não teríamos tempo hábil de localizar tais artigos, o professor Seligmann-Silva cedeu gentilmente os artigos revistos e revisados para a publicação em livro. Os referidos artigos foram publicados, posteriormente, em *O local da diferença. Ensaios sobre memória, arte, literatura e tradução*. São Paulo: Editora 34, 2005.

POÉTICA DO ROMANTISMO 141

liberal, no espírito da antiga sátira romana, não tem direito de cidadania no reino da arte". Mas, possivelmente, as cláusulas subordinadas limitam as exigências da cláusula principal: na realidade, para Schlegel, uma obra de crítica é artística se é a reprodução precisa de uma impressão, ou se tem simplesmente o tom satírico, a verve que ele admirava em si e nos outros. (1967, p.9)

Não deveria impressionar o juízo de Wellek a respeito da ideia de "crítica criadora" defendida por Schlegel e largamente praticada por Novalis. Enquanto teórico, Wellek sempre procurou fazer da teoria da literatura e da crítica um espaço que concorresse, por sua suposta objetividade e precisa metodologia, com os grandes discursos científicos surgidos ao longo do século XX. Wellek desejava uma teoria da literatura rigorosamente metodológica, que pudesse dispor, graças a sua precisão analítica e descritiva, de um lugar garantido no panteão do pensamento científico moderno, assim como acontecera com a linguística. Por isso, condena ironicamente o fato de que Schlegel, às vezes, aceitasse a "falácia da crítica criadora". Para Wellek, uma crítica que dispusesse dos mesmos recursos dos quais o poeta lança mão para criar suas obras estaria incorrendo em um engano analítico-descritivo imperdoável, admitindo o risco de fazer da crítica um simulacro de impressões ou sensações plenamente alheio a uma possível verdade de caráter científico, uma verdade inquestionavelmente demonstrável, que é a marca das ciências naturais ou objetivas.

O que impressiona é que tenha escapado absolutamente a Wellek a ideia essencial que norteava o conceito de crítica criadora defendido por Schlegel e Novalis. Para eles, a crítica criadora não tinha nada de impressionista ou sensacionista, já que não estava unicamente centrada em questões de gosto, respeito às normas ou aos padrões estéticos definidos pelo espírito clássico. A crítica criadora dos primeiros românticos nada mais significava do que uma forma de fazer com que as descrições de ordem analítico-hermenêutica da crítica partilhassem do potencial artístico-estético da linguagem criadora. Não se tratava, então, de uma concorrência deliberada entre crítica e criação, entre a teoria e seu objeto de atenção. Antes, a crítica criadora busca, em um duplo movimento,

142 MÁRCIO SCHEEL

definir e realizar em si a essência mesma do fenômeno poético. Esse ideal de crítica é um mergulho em profundidade na obra literária, uma forma de dialogar, interagir, alterar e traduzir a marca distintiva de cada obra. É o que podemos perceber, considerando os fragmentos 52 e 53 de Poeticismos, na censura de Novalis ao trabalho de Lessing:

A prosa de Lessing ressente-se frequentemente da falta de suplemento hieroglífico.

Lessing via com demasiada acuidade e nisso perdia o sentimento do todo indistinto, a mágica intuição dos objetos juntos em múltipla iluminação e escurecimento. (Novalis, 2001, p.131)

Lessing é considerado um precursor do Iluminismo na Alemanha, divulgador das obras e do pensamento do francês Diderot. Escritor e dramaturgo, Lessing fundou o teatro nacional alemão, o teatro burguês moderno em seu país. Escreveu ensaios estéticos sobre criação artística e poesia. Durante muito tempo, Lessing foi admirado pelos primeiros românticos alemães. Como já vimos, Schlegel afirma a excelência de algumas passagens de teor declaradamente fragmentário na obra do dramaturgo alemão bem como a forma como ele usava o humor e o chiste (*Witz*) em seus textos. Agora, a partir da postura teórico-reflexiva que os românticos buscavam inaugurar, Lessing ainda era um espírito fortemente marcado pelas tendências clássicas de pensamento e exposição: seu discurso fundava-se na crença das representações totalizantes do classicismo.

O que Novalis procura demonstrar é que a crítica de Lessing ressente-se dessa incapacidade de instaurar uma linguagem nova, depositária da intensidade e da iluminação poética, a única capaz de guiá-lo na compreensão do todo indistinto. Olhar com acuidade é aceitar aquele discurso orientado pelo perspectivismo centralizador dos clássicos; é buscar a justificativa da criação nos dados evidentes da criação – as estruturas formais de composição. Para Novalis, é a crítica hieroglífica que conta. Cifrar os sentidos, no interior da crítica, é abrir no próprio espaço da crítica uma nova percepção, uma nova compreensão da obra. Fazer com que crítica e *poiesis* pactuem,

POÉTICA DO ROMANTISMO 143

firmem um contrato secreto entre si, é transformar a crítica no espaço da disseminação dos sentidos, assim como acontece com a própria criação poética:

> Mas para os românticos essa passagem para o registro da cifra (em termos benjaminianos: para o lado mágico da linguagem) não implica a total saída do campo conceitual. Essa ambiguidade presente na poesia — seu caráter simultaneamente semiótico e meta-semiótico — também contamina outros dois importantes conceitos que aparecem como qualificativos da linguagem poética, a saber, a *alegoria* e o *hieróglifo*. Novalis denominou a arte nos seus primórdios, quando a "arte da comunicação" (a saber, a linguagem) e a "arte da exposição [*Darstellungskunst*]" (a saber, a poesia) ainda não haviam se separado, de *hieroglifística, Hieroglyphistik*. A arte no seu "início" se utilizaria de "palavras alegóricas" (Novalis 1978: II 361) para atingir a "popularização" desejada. (Seligmann-Silva, no prelo (b), s. p.)

A crítica como criação, proposta por Novalis e Schlegel, vive da urgência de poetizar o mundo. E a linguagem poética é a linguagem da cifra, da alegoria, do arabesco e do hieróglifo. E mesmo essa ideia de que falta aos escritos de Lessing o suplemento hieroglífico do qual se ressentem é uma imagem altamente figurativizada. Novalis fala em hieróglifo reclamando, imediatamente, o valor simbólico do termo. A ideia de hieróglifo deixa entrever a imagem da velha escrita ideográfica egípcia. O conceito de hieróglifo põe em jogo a disseminação dos sentidos: a cifra, o símbolo, o enigma, o indecifrável, o interdito, o mistério sobre o qual se fundamenta toda a criação, a *poiesis* mesma, a linguagem em absoluto estado artístico. A postura de Novalis com relação à confluência entre poesia, filosofia, crítica e criação é ainda mais radical que a de Schlegel. Por isso Márcio Seligmann-Silva afirma que:

> Ele [Novalis] admite que a arte — "de um modo geral" — tem uma "camada", ou um "momento" de saída de si mesma, de sugestão, *Anspielung*, que, para ele assim como para Schlegel, é sempre prosaico (Schlegel 1981: XVI, 517 [XIV 162]). Daí por que para Novalis "a poesia é a prosa entre as artes. Palavras são configurações acústicas de pensamentos"

(Novalis 1978: II 544); e para F. Schlegel: "Toda poesia é representativa. A alegoria também tem parte nisso." (Schlegel 1981: XVI, 262 [IX 104]). Por outro lado, na *Conversa sobre a poesia*, ele também afirmou "que a linguagem está mais próxima do espírito da poesia, que outros meios da mesma. A linguagem, que na sua origem é idêntica à alegoria, [é] o primeiro instrumento imediato da magia" (Schlegel 1967: II 348). (idem, ibidem)

Assim, voltando às censuras de Wellek à postura crítica de Schlegel, perfeitamente estendíves à figura de Novalis, o teórico inglês parece desconsiderar que a ideia de crítica criadora não rejeita os pressupostos objetivos de uma análise rigorosa, fundamentada. Ao contrário, os fragmentos críticos de Novalis dão mostras bastante coerentes de que a crítica deve ser capaz de revelar e traduzir as estruturas básicas sobre as quais se constrói uma obra. Assim, a crítica criadora não pode ser considerada uma falácia porque supostamente partiria das impressões meramente subjetivas que uma obra pode despertar sobre a sensibilidade estética do crítico, afastando-se, dessa forma, da objetividade analítica e metodológica rigorosa, de ordem pragmática ou científica. A crítica criadora, assim como os primeiros românticos a entendiam, é uma forma de buscar e partilhar da *poiesis* original, da poesia como a linguagem primeira de interpretação e tradução do mundo, dos seres, das coisas e, fundamentalmente, da própria arte. É o que um trecho do fragmento 118 de Fragmentos I e II sugere:

Sobre o conhecimento *insensível* ou *imediato*. Todo sentido é *representativo – simbólico –* um meio. Toda percepção dos sentidos é de segunda mão. Quanto mais peculiar, mais abstrata poderíamos dizer, é a representação, designação, reprodução, quanto mais dessemelhante ao objeto, ao estímulo, tanto mais independente, autônomo é o sentido – Se não precisasse nem sequer de uma ocasião externa, deixaria de ser um sentido, e seria um ser correspondente. Como tal, poderiam suas configurações ser por vezes mais ou menos semelhantes e correspondentes a configurações de outras seres – Fossem suas configurações e a sequência delas perfeitamente iguais e semelhantes às sequências de figuras de um outro ser – haveria a mais pura consonância entre ambos. [...]

POÉTICA DO ROMANTISMO   145

Sentido é um utensílio – um meio. Um sentido absoluto seria meio e fim ao mesmo tempo. Assim é cada coisa o *meio mesmo* para conhecê-la – para experimentá-la, ou aturar sobre ela. Para portanto sentir e conhecer completamente uma coisa, eu teria de fazer dela meu sentido e meu objeto ao mesmo tempo – eu teria de *vivificá-la* – Fazer dela sentido absoluto, na significação anterior. (Novalis, 2001, p.146-7)

A crítica criadora que os fragmentos literários de Novalis colocam em ação é um reflexo direto da busca pela compreensão absoluta das coisas por meio do jogo representativo dos sentidos. Trata-se, na verdade, da ideia de coatividade e simpatia que o pensamento teórico de Novalis solicita e pratica livremente. Se a criação é uma forma de fazer circular o poder simbólico da linguagem, dos sentidos, a crítica, caso queira compreender e definir a essência mesma da criação, deve valer-se dos sentidos como meios de afirmação da instância simbólica da linguagem verbal, criadora. A crítica deve ser o espaço de uma escritura que "se arrisca na experiência plena da linguagem que é a da poesia, enraizando-se no texto primeiro como uma segunda floração" (Perrone-Moiséis, 1993, p.29). Esse projeto crítico que se anuncia a partir dos fragmentos literários como uma ruptura em relação aos padrões de leitura estabelecidos, modelares e normativos, está diretamente ligado à experiência estética romântica de progressividade, de construção infinita de sentidos, de busca por um "sentido absoluto" que seja meio e fim ao mesmo tempo. O fragmento literário e a crítica como depositária da própria linguagem poética é o sentido final da busca romântica pelo absoluto, que se furta e se esquiva ao mesmo tempo em que se configura como a própria busca. O que Wellek denomina de falácia de uma crítica criadora é o que podemos chamar, de início, de uma filosofia da arte, que alia criação estética e pensamento reflexivo em um projeto crítico-teórico perfeitamente coerente com o conjunto do ideal romântico de criação:

Esta constelação de ideias sobre a filosofia da arte desaguou naturalmente numa teoria da *crítica poética*, ou seja, apenas através de uma linguagem poética – mais próxima da linguagem originária do texto literário – é que se pode dar, para os românticos, o discurso sobre a poesia. (Seligmann-Silva, 1999, p.70)

146 MÁRCIO SCHEEL

Outra metáfora recorrente nos fragmentos de Novalis é a da vivificação, que se elucida no contexto do que se vem discutindo até aqui: a
crítica criadora é o instante em que o pensador vivifica, em si mesmo,
a obra sobre a qual sua atenção está voltada. Vivificar é estabelecer
uma relação singular com o a obra: o crítico deve fazer da obra de arte
o sujeito e o objeto de sua reflexão, tendo em mente que cada obra é
"o *meio mesmo* para conhecê-la", "para experimentá-la", "para atuar
sobre ela". Nesse sentido, o descarte de Wellek da teoria da crítica
criadora ou poética de Novalis e de Schlegel está condicionado a um
erro de interpretação. Desconsiderando todo o escopo filosófico que se
afirma por trás dessa postura crítica, ele acaba por confundi-la com as
notações impressionistas que surgiriam em fins do século XIX:

> Um aspecto da crítica de Schlegel merece relevo especial: a sua forma.
> Suas primeiras obras eram tratados convencionais, escritos num estilo
> abstrato, expositivo. Em seus últimos escritos, como a "História", volta ele
> à maneira de exposição formal, aos períodos grandíloquos, mas, nos anos
> intermediários, desenvolveu formas que, pelo menos na Alemanha, eram
> novas na crítica literária. A *Charakteristik* é o ensaio crítico sobre um único
> autor ou livro no qual Schlegel aplica um vocabulário de crítica onde se
> confundem definições ou aproximações abstratas com passagens impres-
> sionistas e até mesmo líricas. O impressionismo passou a ser de vantagem
> duvidosa para a crítica no decorrer do século XIX, quando degenerou nos
> arranjos rebuscados de Pater e Oscar Wilde, mas, naquela época, as evoca-
> ções de Schlegel devem ter impressionado os leitores como algo de novo e
> bem acolhido, em comparação com o formalismo dos tratados de estética ou
> as secas e insípidas notas das resenhas convencionais de livros. (1967, p.31)

Nesse ponto, Wellek faz uma restrição declarada à crítica criadora
dos românticos afirmando que, fundamentada em registros líricos,
ela acabaria degenerando na crítica impressionista, de "arranjos re-
buscados", já em fins do século XIX. Além de Pater e Oscar Wilde,
outros escritores que se dispuseram à crítica, como Anatole France,
por exemplo, também incorreram nos enganos do impressionismo ou
sensacionismo crítico, que se perdia de qualquer método ou abordagem
mais objetiva das obras analisadas em favor de um discurso ornado,

POÉTICA DO ROMANTISMO 147

lírico e estilizado ao extremo que, em vez de estabelecer os valores intrínsecos das obras discutidas, rivalizava com elas em engenhosidade e apuro estético. Gerava-se uma crítica tão subjetiva e pessoal que acabava por se alhear em impressões particulares ou simples manifestações de gosto, perdendo de vista o objeto de atenção.

O problema é que, mais uma vez, Wellek trata a crítica poética como uma espécie de origem comum da crítica impressionista de fins do século XIX e começo do XX. A crítica de Schlegel, na qual supostamente "se confundem definições ou aproximações abstratas com passagens impressionistas e até mesmo líricas", não pode ser tomada, em hipótese alguma, como o ponto de partida do qual se originaria a crítica impressionista. Partilhar da capacidade verbal-criadora do poeta, buscar a linguagem primeira, a *poiesis* original, desautomatizar os sentidos e pensar uma crítica futura, que se constrói progressivamente como a própria arte, e fazer dessa mesma crítica o lugar de confluência entre análise, reflexão, interpretação, estudo fundamentado e criação estética é muito diferente de incorrer no engano retórico da crítica impressionista.

Nos fragmentos de *Pólen*, Novalis leva às últimas consequências esse ideal teórico, estético e filosófico de fazer da crítica o lugar em que a própria *poiesis*, enquanto linguagem do desvelamento, da revelação, pudesse se manifestar livremente. A crítica, para Novalis, não deixa de ser um gerar, um produzir, um criar constante. Só que em vez de produzir obras, concebe e cria juízos que não se enraízam nunca, que vivem sempre na dependência de novos e diferentes julgamentos. Cada crítica é única na medida em que cada obra também o é:

> Poetar é gerar. Todo poetado tem de ser um indivíduo vivente. Que inesgotável quantidade de materiais para *novas* combinações individuais existe ao redor! Quem uma vez adivinhou esse segredo – esse não necessita de mais nada, a não ser a decisão de renunciar à infinita multiplicidade e a seu mero gozo e de em alguma parte *começar* – mas essa decisão custa o livre sentimento de um mundo infinito – e exige a limitação a um fenômeno individual do mesmo.
>
> Deveríamos talvez atribuir a uma decisão semelhante nossa existência terrestre? (Novalis, 2001, p.122)

Mais uma vez, Novalis relaciona criação – *poiesis* – e existência individual. O próprio indivíduo deve transferir-se para os deslimites da poesia, da arte. Mas o que poderia parecer, à primeira vista, uma afirmação abstrata, puramente transcendente, a ideia ingênua de encontrar na poesia o lugar do Eu, transforma-se no princípio mesmo da poética: tudo depende da capacidade do poeta em trabalhar os materiais diversos de que dispõe – as palavras e as ideias – para encontrar *novas* e sempre distintas formas de combinação individuais.

Isso quer dizer: Novalis percebe a linguagem como o lugar por excelência das combinações metafóricas, de simultaneidade de sentidos, de ciframento simbólico das ideias. Por meio dessa percepção é que ele organiza o próprio fragmento literário a partir dos dois tropos centrais da poética: no plano da expressão, a metáfora, como forma de disseminação de sentidos por meio de escolhas, arranjos e ajustes calcados na similaridade, abrindo ao infinito as possibilidades semânticas tanto da crítica quando da criação; no plano da exposição, o fragmento deixa-se caracterizar pela contiguidade: cada peça pode ser tomada, lida e compreendida individualmente, de forma isolada, sem perder muito de sua força significativa, mas ainda assim, cada fragmento é parte da busca pelo Absoluto, pela totalidade de um pensamento reflexivo, em marcha, infinito, universal e progressivo, que tudo abarca, que tudo procura interiorizar e relacionar com os dados da consciência, em autoatividade.

Nessa relação sutil e secreta estabelecida entre cada fragmento, temos a força ao mesmo tempo desagregadora e organizacional da metonímia. Desagregadora porque isola cada fragmento de um discurso totalizante que não existe; ordenadora porque, graças às relações de contiguidade que ela sugere, permite que cada fragmento determine e justifique a existência do outro.

Assim, cada fragmento é um instantâneo de raro equilíbrio entre perspectivismo crítico, sensibilidade estética e capacidade criadora. Para Novalis, não se tratava de impressionar quem quer que fosse com uma crítica superficial e alheia, de um fraseado lírico e sentimental, de um gosto retórico duvidoso. Para isso, havia a poesia mesma, em si mesma, o próprio espaço da arte, ainda que Novalis, em sua obra

POÉTICA DO ROMANTISMO **149**

de invenção – os poemas e os romances –, tenha evitado a tentação de aderir a um sentimentalismo excessivo e rasteiro, que perdesse de vista o pensamento reflexivo, a visada crítica, o conhecimento teórico e filosófico que seus estudos e seu trabalho analítico ousavam alcançar. Para Novalis, interessava, sim, tornar a crítica uma manifestação criadora e original, que pudesse, por isso mesmo, reconhecer as inovações e as originalidades estéticas que seu tempo começava a engendrar.

O fragmento visa promover uma reflexão não só de ordem estética, teórica, mas também filosófica, compartilhando da mesma e desafiadora dicção que concebe e dá sentido ao fenômeno poético. Por seu estreito parentesco com o aforismo filosófico, com a máxima e o pensamento, o fragmento literário é a forma ideal para o desvelamento do ser, para a revelação do indivíduo em perfeita consonância com a arte, a poesia original, primeira, linguagem cifrada do mundo e das coisas, para a reflexão estético-teórica sobre a particularidade e o caráter sempre singular da obra de arte. Por tudo isso, o fragmento literário ganha contornos muito mais definidos do que os do simples registro impressionista, lírico, sentimental ou afetivo de determinadas obras:

> Além da *Charakteristik*, Schlegel descobriu o "fragmento", o aforismo, como veículo da crítica. Sem dúvida não se tratava de descoberta inteiramente nova, pois aí os mestres de Schlegel foram Lichtenberg e Chamfort, porém ele empregou o fragmento de maneira definida e consciente; fez valer meras declarações sem apoio, a surpreendente analogia metafórica, a declaração oracular e mistificadora, o paradoxo espirituoso. Em seus melhores momentos pode, com um vislumbre, descobrir amplas perspectivas e, mesmo na sua pior maneira, consegue notar demonstrações de espírito pretensiosas e até mesmo trivialidades. Contudo, é preciso ter um espírito positivo, para deixar de reconhecer que Schlegel estava empenhado num combate, que desejava e necessitava de atenção ao preço do paradoxo e da ofensa e que amava demais o grandioso, o misterioso e o irracional, para poder suprimi-lo. (Wellek, 1967, p.31-2)

Parece que, na passagem descrita, Wellek incorre na mesma vaporosidade por meio da qual procurar condenar os escritos de Schlegel e o fragmento como uma realidade que se orienta ao mesmo tempo para a crítica e a criação. Wellek novamente reconhece e descaracteriza, em um único movimento, o instrumento crítico por excelência dos primeiros românticos alemães. Ao tentar definir o fragmento literário como uma forma pela qual Schlegel fazia "valer meras declarações em apoio, a surpreendente analogia metafórica, o paradoxo espirituoso", Wellek comete um engano conceitual: o fragmento literário não é, para Schlegel ou Novalis, um aforismo simplesmente, uma forma, uma estrutura; ao contrário, ele representa uma manifestação absoluta, um universo em si mesmo, um gênero inteiro – como o são a poesia, o romance, o drama – que se aproxima da própria criação estética ao tentar compreender e interpretar o fenômeno literário. Assim, esse engano conceitual de Wellek não permite que ele demonstre algo notório e verdadeiramente salutar: a ideia de fragmento, de discurso fragmentário desenvolvida pelos românticos alemães é a grande herança de nossa modernidade literária.

Ainda que nem sempre de forma explícita, a essência da literatura moderna é fragmentária justamente porque privilegia a descontinuidade, a ruptura, o choque e a não linearidade como características determinantes da criação. Basta pensarmos em obras como *Ulisses* e *Finnegans wake*, de James Joyce, *Um homem sem qualidades*, de Musil, as narrativas de Peter Handke, a poesia de T. S. Eliot, sobretudo em sua *Terra devastada*, entre tantas outras obras que se firmam a partir da dispersão e da fragmentação absolutas. Os primeiros românticos fizeram do fragmento literário seu *tour de force* ao concebê-lo como um gênero livre e autossuficiente, como uma forma de libertar a crítica do dogmatismo estéril dos padrões normativos do gosto clássico, dos compêndios e dos tratados judicativos que regiam as discussões estéticas da época. Nada mais justo que para uma nova abordagem da literatura, os escritores e teóricos do primeiro romantismo alemão concebessem, também, uma nova e consciente manifestação discursiva. O fragmento literário é uma forma de pôr em circulação, com uma imediatez incrível, o conceitual crítico desenvolvido pelas reflexões de F. Schlegel e Novalis.

Assim, ao contrário do que afirma Wellek, o fragmento literário não era um instrumento pelo qual o pensamento crítico era reduzido

POÉTICA DO ROMANTISMO 151

à expressão mistificadora, à fraseologia paradoxal e espirituosa, às analogias metafóricas ou a demonstrações de espírito pretensiosas e triviais. Antes de tudo, o fragmento literário é o lugar em que a crítica conceitual, fundamentada na reflexão teórica e filosófica que criava os próprios conceitos e formas de abordagem da obra de arte, paga tributo e reconhece a força reveladora da linguagem, da *poiesis* como manifestação estética e fonte de desvelamento da verdade da obra, do mundo e dos seres. O fragmento literário não concorre ou rivaliza, enquanto crítica, com a obra sobre a qual se volta; ao contrário, ele pactua com a essência mesma da obra de arte, compartilhando de sua força interior, de seu estilo, de sua linguagem criadora. O fragmento é o gênero por meio do qual a crítica poética se manifesta e ganha contornos mais ou menos definitivos. É o espaço de uma plena e inviolável escritura que

> parece constituída para dizer algo, mas ela só é feita para dizer ela mesma. Escrever é um ato intransitivo. Assim, a escritura 'inaugura uma ambi- guidade', pois mesmo quando ela afirma, não faz mais do que interrogar. Sua 'verdade' não é uma adequação a um referente exterior, mas o fruto de sua própria organização, resposta provisória da linguagem a uma pergunta sempre aberta. (Perrone-Moisés, 1993, p.38)

Conclusão

A originalidade do pensamento teórico e crítico de Novalis diz respeito a duas perspectivas determinantes: em primeiro lugar, o fato de que, como poeta, ele mantém uma espécie de vínculo secreto com a palavra que concebe a obra de arte literária; em segundo lugar, o fato de ter se apropriado, no campo literário, do ideal de crítica preconizado por Kant no campo do pensamento filosófico. Com efeito, a crítica literária forjada pelo classicismo, e largamente difundida durante todo o século XVII, fundava-se em um repertório conceitual definido *a priori*, criando assim um complexo analítico exageradamente doutrinário, que se fiava no dogmatismo muitas vezes estéril dos velhos tratados estéticos, com suas normas preconcebidas, com suas formas privilegiadas, com suas fórmulas estruturais prontas e dadas, fazendo com que todo julgamento literário não passasse de uma rigorosa observação formalista ou formalizante: uma determinada obra só poderia ser digna de comentários se estivesse em perfeita consonância com os princípios dogmáticos e doutrinários dos grandes tratados estéticos. Qualquer obra, inovadora ou revolucionária, que não correspondesse aos padrões formais definidos pelo cânone literário permaneceria ignorada pela crítica.

São os representantes do primeiro romantismo alemão que, na esteira do pensamento kantiano, reverão radicalmente a ideia de crítica de arte e sua aplicação objetiva: nada mais das obras doutrinárias

154 MÁRCIO SCHEEL

dogmáticas que caracterizam o pensamento crítico do classicismo; nada mais dos tratados estéticos que se transformavam em verdadeiros manuais do "bom gosto artístico". A consciência estética, nesse momento, afirmará que o julgamento crítico de uma determinada obra literária deve conceber seus próprios instrumentos analíticos, seu próprio repertório conceitual. Cada obra literária só pode ser julgada a partir das ideias e conceitos que ela mesma demanda. Desse modo, a afirmação de Márcio Suzuki, em *O gênio romântico*, sobre os princípios definidos por Kant a respeito do conhecimento, da apreciação crítica e da faculdade de julgar, delimita, também, a concepção romântica de crítica – entendida, aqui, como a interiorização e a análise consciente da obra de arte literária:

> No entanto, é de se presumir que só será capaz de examinar e julgar as ideias de um sistema filosófico qualquer, se, juntamente com os fundamentos de todo conhecimento legítimo, proporcionar os instrumentos indispensáveis para que se leia e compreenda o sentido das afirmações dos autores que discute. Seu procedimento tem de ser *crítico*, isto é, não pode ter como ponto de partida uma *doutrina* a ser corroborada ou refutada, pois neste caso não se distinguiria das estratégias empregadas, por exemplo, pelo dogmático ou pelo cético. As condições transcendentais do conhecimento têm de fornecer também os meios *hermenêuticos* de compreensão do discurso filosófico. (1998, p.21)

Há um interesse dos primeiros românticos pelas questões do pensamento, pela nova filosofia que se estruturava a partir de Kant, Fichte, Schelling e Schleiermacher, que tinham em comum o desejo de demonstrar como o conhecimento real só é possível em perfeita consonância com a subjetividade, com a individualidade e suas marcas singulares, seus conceitos, suas ideias sobre o mundo e as coisas. É justamente esse interesse que faz com que Novalis passe a pensar a literatura (prefigurada na importância dada à poesia como arte unificadora de todos os gêneros) como parte indissociável dos grandes sistemas de pensamento humano e referi-la em termos de conhecimento puro e imediato do próprio fenômeno literário, conhecimento que só pode se dar em função das relações livremente estabelecidas entre as perspectivas mais íntimas do crítico – sua autorreferencialidade – e aquelas que constituem a obra mesma.

Pensar a crítica literária sob esse prisma é considerar, antes de tudo, que ela só ganha contornos verdadeiramente analíticos ou expositivos quando o comentador é capaz de interiorizar a obra e relacioná-la, em todos os seus aspectos, com os conceitos e ideias que constituem seu pensamento e, ao mesmo tempo, com os conceitos e ideias que a obra, em sua apreciação crítica, inevitavelmente faz surgir.

O fragmento é, antes de tudo, um universo em si mesmo, pleno e absoluto de significado. Nada melhor para levar a efeito uma crítica literária que se orienta por uma visada francamente filosófica – no que diz respeito às questões estéticas e também ontológicas – e que se realiza, no nível do discurso, por meio da *poiesis*, essa força ordenadora, esse modo argumentativo que se impõe ao escritor, ao poeta, ao crítico e ao filósofo com relação à própria linguagem, ao modo de expressão, à maneira de ser diante do mundo, à realidade opressiva e limitada. Para os românticos alemães, a poesia cria suas próprias verdades particulares e intransferíveis, é um universo de seres e coisas. O mundo ganha forma pela poesia: é ela quem nos humaniza, quem nos desperta a hora mágica em que realidade e imaginação se fundem no encontro eternamente sonhado com o Outro, com nós mesmos, com o que somos e se caracteriza em nossos pensamentos. E tudo cabe na poesia: o poder da palavra, som e silêncio, a procura pelo que quer que seja nos labirintos insondáveis da linguagem, o despertar da Musa, o ato de inventar-se e se dar a ver em versos, o exercício da transcendência.

Para Novalis, a verdadeira poesia é uma afirmação transcendental:

> Assim como as filosofias até agora estão para a logologia, assim estão as poesias até agora para a poesia que há de vir.
>
> As poesias até agora atuavam na maior parte dinamicamente, a futura, a poesia transcendental, poderíamos chamar orgânica. Quando ela estiver inventada, então se verá que todos os poetas genuínos até agora, sem seu saber, poetizaram organicamente – que porém essa falta de consciência daquilo que faziam – tinha uma influência essencial sobre o todo de suas obras – de modo que em sua grande maioria eram genuinamente poéticas apenas no individual – no todo porém, de costume, apoéticas. A logologia

156 MÁRCIO SCHEEL

trará necessariamente consigo essa revolução. (Fragmento 43 de Poesia,
Novalis, 2001, p.123)

Na ideia de logologia temos a presença do conceito grego de *logos*.
Novalis afirma a potenciação da reflexão, do pensamento, criando o
termo logologia, que seria a filosofia da filosofia. A poesia que há de
vir é o ideal mesmo de poesia universal progressiva dos românticos:
a poesia potenciada, a poesia da poesia. Daí falar em uma poesia que
há de vir. É ela quem deve superar todas as poesias, todos os limites,
todas as categorias classificatórias para firmar-se como pura transcendentalidade, como algo orgânico, vivo. E novamente encontramos a
metáfora da vida, da vivificação, da organicidade como ideia geradora
em Novalis. Sob muitos aspectos, como já vimos, o fragmento literário
representa, no plano da exposição, da construção, essa organicidade,
essa transcendentalidade, esse projeto de formação futuro, constante,
progressivo, que não pode jamais cessar porque comprometeria esse
ideal romântico do pensamento em marcha, da reflexão como um gesto
infinito, aberto a todos os sentidos.

A teoria da poesia transcendental romântica é a tentativa de firmar
uma nova relação entre poesia e filosofia, de fazer da *poiesis* o lugar do
pensamento, de levar a reflexão para dentro das fronteiras indivisíveis
da arte. É o apagamento de todos os gêneros, a aproximação de todos os
discursos. Não é por acaso que Novalis escreveu fragmentos críticos,
poemas de uma tonalidade francamente filosófica, narrativas poéticas
como o *Heinrich von Ofterdingen* e *Os Discípulos em Saïs*, que contêm a
semente de todas as propostas teóricas, críticas e filosóficas que vinha
desenvolvendo ao longo dos anos, comentários e estudos analíticos
de obras filosóficas como as de Kant e Fichte: é o desejo romântico
de buscar o conhecimento absoluto, sempre em devir, universal, que
se afirma como a essência primeira e indivisível do espírito. O culto
romântico à poesia está diretamente ligado à crença de que esta é uma
forma de ação e criação, a mais plena de todas:

> A poesia, para Novalis e Schlegel, era vista antes de qualquer coisa como
> *poiesis*, como criação e ação. Essa mesma concepção encontra-se na teoria

POÉTICA DO ROMANTISMO   157

da prosa desses autores. A filosofia e a prosa encontravam-se intimamente conectadas na concepção romântica de linguagem. O princípio (positivo) de contradição, que guia o *double bind*, permite aos românticos *ao mesmo tempo* afirmarem a relação da filosofia com a comunicação, *Mitteillung* (em oposição à apresentação, *Darstellung*, produtiva da poesia), com o desvendamento, *Enthüllung*, com a conceituação, a descrição etc., e com a poesia transcendental, ou seja, ela também seria meio da (re)poetização (ou romantização) do mundo. (Seligmann-Silva, no prelo (a), s. p.)

A poesia transcendental romântica representa a afirmação plena do Eu originário da filosofia fichteana, ou a busca incessante por esse mesmo Eu. É uma poesia individual – nunca individualista – no sentido muito bem definido de que é pela individualidade que o homem pode comunicar as experiências mais universais. Se a filosofia é o espaço da abstração, a poesia é o lugar do universal:

> Se a filosofia confunde-se muitas vezes entre os românticos com o pensamento guiado pelos juízos determinantes da tipologia que Kant fizera na abertura da sua Terceira Crítica, por outro lado, aqueles autores percebem que a subsunção do individual ao geral não pode se abstrair à estrutura abissal do *círculo* hermenêutico. Não há geral sem o individual, assim como não há individual sem o geral: "Eu não posso conhecer os indivíduos por meio do gênero, mas o gênero por meio dos indivíduos, mas é claro que devemos sempre ter sob os olhos a Ideia quando da observação dos indivíduos" (Novalis 1978: II, 182). Não há o gênero, *Gattung*, fora do individual, assim como não há filosofia sem poetar, *Dichten*. O poético como registro do individual-universal em oposição ao filosófico, como registro do geral-abstrato, devem ser aproximados e mesclados. (idem)

Por isso Novalis afirma nos 46, 47 e 48 de Poesia:

> A poesia dissolve a existência alheia em própria.

> A poesia transcendental é mesclada de filosofia e poesia. Em fundamento envolve todas as funções transcendentais e contém, em ato, o transcendental em geral. O poeta transcendental é o homem transcendental em geral.

158   MÁRCIO SCHEEL

Da elaboração da poesia transcendental pode-se esperar uma trópica – que compreende as leis de *construção simbólica* do mundo transcendental. (2001, p.124)

A trópica da poesia transcendental, ou seja, uma espécie de "gramática dos tropos", é levada a efeito nos próprios fragmentos literários, nos recursos poéticos de que lança mão para afirmar suas ideias, para criar o jogo de uma nova *Darstellung*, de uma nova apresentação. Dessa "trópica" destacamos o recorte metonímico, que cria uma relação de contiguidade entre cada fragmento, ao mesmo tempo em que anuncia a possibilidade do pensamento reencontrar sua totalidade perdida, e a metáfora, que por seu caráter figurativo representa uma forma de disseminar os sentidos cifrados, de afirmar a *construção simbólica* do mundo, construção esta que se fundamenta em outras formas decisivas de figurativização da linguagem: o símbolo, a alegoria, o paradoxo e o oxímoro, para destacar o suporte essencial desse pensamento poético que se abre para a crítica e que promove o apagamento de todos os limites definidos entre os gêneros de criação. A poesia transcendental, então, além de buscar fixar a essência mesma do Eu, além de acenar para a origem velada da própria existência, é transcendental também na medida em que idealiza a superação radical das categorias elementares que dividem e distinguem os gêneros de criação.

A crítica literária, por sua vez, pode ser entendida como uma realidade determinada, com um conceitual próprio – fornecido, em grande parte, pela teoria da literatura – e com certo rigor metodológico e uma visada francamente analítica, que se põe de intermédio entre a obra em si mesma, universo significativo, e o leitor, objetivo a ser alcançado pela obra, mundo de concepções e ideias, universo subjetivo, tão singular e particularizado quanto qualquer obra. Assim, e formulando melhor a questão: a crítica, com seu instrumental analítico, reivindica para si a condição de intérprete, mediadora entre dois universos particularizados, entre dois mundos distintos, entre duas visões de mundo muitas vezes radicalmente opostas, a saber: a da obra mesma (constituída a partir da visão de mundo do autor) e a do leitor (constituída a partir de sua subjetividade, que, ao mesmo tempo, se constrói mediante as

POÉTICA DO ROMANTISMO 159

relações que ele estabelece com a realidade concreta, imediata, e com sua capacidade mais íntima de abstração).

O que se deve considerar aqui diz respeito ao fato de ser o crítico, antes de tudo, um leitor, isto é, uma subjetividade igualmente construída, com uma concepção de mundo própria, tão particular e característica quanto a de qualquer leitor. Logo, o crítico não pode reclamar para si uma voz absoluta, uma verdade inviolável, o pleno direito judicativo. Esse ideal clássico de crítica ruirá, por exemplo, a partir dos fragmentos críticos de Novalis.

Do mesmo modo que a "poesia dissolve a existência alheia em própria", a crítica proposta por Novalis em seus fragmentos é parte do projeto de uma poesia transcendental, que abole os gêneros e que acena para a interioridade e a interiorização da obra pelo crítico. O julgamento, agora, não pode estar submetido às oscilações do gosto ou às regras de composição prefiguradas pelos padrões normativos da forma; ao contrário, partindo de uma visada francamente filosófica, que afirma a eterna autoatividade reflexiva, ideia central do pensamento romântico, Novalis compreende que a obra só pode ser tomada a partir de sua singularidade e de sua autonomia em relação a todos os modelos definidos de criação.

Trata-se, então, de um primeiro olhar imanentista para a obra de arte. Então, é por meio desse olhar imanentista, que busca a essência primeira das coisas e que procura transfigurá-las por meio de ato reflexivo, que se desenvolve a crítica poética romântica e que se afirma aquela que seria a mais original de suas concepções teóricas: da poesia transcendental ou universal progressiva, que se fundamenta na filosofia e nela encontra toda a sua problematização:

> A filosofia enquanto prosa produtiva não visaria à "descoberta" de uma verdade dada de antemão, mas sim o desdobramento de uma "ausência", de um *Problema* cuja solução é a própria *atividade* filosófica: "Assim como não comemos para nos apropriarmos de um material totalmente novo, desconhecido [*fremde*] — do mesmo modo não filosofamos para achar verdades totalmente novas, desconhecidas" (Novalis 1978: II, 355), escreveu Novalis. O seu modelo e o de F. Schlegel de filosofia deixam-se aproximar do que Rorty (1982: 92) pretendeu derivar da *Phänomenologie*

de Hegel, ou seja, a concepção da filosofia como uma cadeia de textos que se somam constituindo uma obra infinita. Schlegel afirmou nesse sentido que a filosofia se resumia à sua história ("A filosofia é decerto nada senão a *História da Filosofia*", Schlegel 1963: XVIII, 137 [III 187]; "História não é nada senão Filosofia e esses nomes poderiam ser totalmente trocados", Schlegel 1963: XVIII, 226 [IV 382]). A sua definição irônica do filósofo como aquele que *crê* na possibilidade de se conhecer o universo (Schlegel 1963: XVIII, 230 [IV 432]) também vai nesse sentido de crítica ao modelo representacionista da filosofia. A esse modelo ele e Novalis contrapõem o da filosofia como *práxis*, que é aproximada da atividade – criativa, *poiética* do – *Genie*. (idem)

Assim, não há nada de lírico, sentimental ou impressionista na crítica aberta por Novalis. Na verdade, o próprio conceito de crítica poética inaugurada pelos primeiros românticos alemães faz parte desse projeto de conceber uma *práxis* filosófica que se determine na atividade incessante da reflexão, que solicite o que Novalis chama de coatividade ou simpatia de pensamento, isto é, uma relação direta e indissociável entre todos os gêneros de criação, uma forma de fazer com que a filosofia, a crítica e a criação estética não possam se distinguir intimamente, concebendo um discurso múltiplo, essencialmente variável, incessante como o próprio gesto reflexivo.

A crítica poética, então, só pode ser divisada no interior da escritura que engendra. A escritura é uma forma de escrever-se, de inscrever-se também. Ela deixa de ser o lugar do simples comentário, da notação, da descrição ou do julgamento valorativo da obra e passa a ser um *meio reflexivo*, uma forma de reivindicar a atenção para si mesma. É uma escritura que solicita o olhar, que cifra os sentidos, que se interpõe à obra como uma obra mesma, que solicita a um só tempo a condição crítica e artística, tornando-se uma *formação de arte* – para usar um termo novalisiano. A crítica poética não é só uma metalinguagem declarada, deliberada – é outra forma de acenar para a própria linguagem. Se a poesia deve desautomatizar a linguagem, retirá-la do desgaste cotidiano, prosaico, a crítica deve empenhar-se em promover, a partir da faculdade de julgar, a desautomatização do próprio julgamento crítico.

POÉTICA DO ROMANTISMO 161

No ensaio *"O leitor demanda (d)a literatura"*, introdução ao *A literatura e o leitor*, Luiz Costa Lima afirma que "ao contrário da linguagem poética, a linguagem dos textos argumentativos (como o ensaio, a análise) pouco permite que o autor se diga, não só intelectualmente mas afetivamente" (1979, p.9). Ora, parece ser essa justamente a questão: a crítica poética, para existir e legitimar-se, não pode prescindir da linguagem argumentativa, aquela que explora e justifica (nos ensaios, nas análises, nas resenhas, etc.) os mecanismos da criação – sejam estilísticos, estéticos, ideológicos etc –, mas para ser poética essa mesma crítica deve admitir o risco do autor se dizer, não só intelectual mas também afetivamente. A primeira condição, a primeira característica da crítica poética é que o autor se revele e se diga afetivamente em relação ao seu objeto crítico. A crítica poética exige, em primeiro lugar, que o crítico esteja absolutamente ligado à própria linguagem poética – e não só impregnado dela –, à matéria-prima da criação literária: a *poiesis* criadora, original.

Comunhão, eis o segredo. Assim como o poeta se liga indissociavelmente à linguagem, sua matéria-prima, perfazendo-se dela, poetizando o mundo circundante, a realidade exterior, o crítico deve trilhar o mesmo e tortuoso caminho caso queira desvelar o mistério da criação. Ele deve, ao menos, comungar com a linguagem criadora. Na poesia, tudo é mistério, criação, desvelamento e revelação. A crítica poética, resultado da *poiesis* criadora, se se quer mesmo poética, não pode fugir ou se alienar do caráter essencial da poesia em qualquer pretenso cientificismo estéril. Daí a necessidade do crítico de não apenas compartilhar, mas também de comungar com a linguagem criadora do poeta. Se a poesia é a arte do mistério, do insuspeitado e do desvelamento do Ser por meio da materialidade da linguagem, a crítica deve buscar, igualmente, o mesmo desvelamento, trazendo à tona o mistério poético, traduzindo e revelando as intencionalidades da criação poética e, ao mesmo tempo, criando suas próprias intencionalidades.

Assim, o crítico deve ser um leitor apaixonado, que se deixa envolver completamente pelo objeto de sua paixão, e um analista sensível que, em meio a conceitos, referências e métodos de aproximação e estudo desse mesmo objeto, não perca de vista a afetividade que o move em direção ao objeto estudado. A crítica poética é, então, um discurso analítico que se aproxima da linguagem original do próprio ato criativo, e se torna também original. A poesia pode ser representada como uma busca pela linguagem original, e a crítica poética, o seu duplo, que a justifica, que lhe dá legitimidade em um mundo cada vez mais avesso à poesia. Desse modo, a *poiesis* chega a ser uma exigência de estilo para os criadores-teóricos do romantismo alemão, principalmente para Novalis, que não distingue a investigação filosófica desse potencial metafórico, estilístico e artístico a que só a *poiesis* é capaz de dar vazão. Não se trata unicamente de definir criticamente os caminhos e as tendências do pensamento criador humano nem simplesmente de desenvolver uma nova filosofia da linguagem, como é a proposta implícita de Novalis, mas também de dar um caráter de obra de arte às suas novas definições: "O poema lírico é o coro no drama da vida – do mundo. O poema lírico é um coro amavelmente mesclado de juventude e idade, alegria, participação e sabedoria" (Novalis, 2001, p.135).

Disseminação dos sentidos, circulação simbólica das palavras, potenciação infinita do gesto reflexivo, da escritura poética. Essa crítica romântica quer subverter a crença nos modelos de representação, quer afirmar um pensamento descontínuo, que busca a totalidade de um sistema de conhecimento do mundo, das coisas e do próprio real que se fragmentou juntamente com a individualidade romântica. O fragmento literário é uma escritura estilhaçada como a essência mesma do indivíduo. Nesse sentido, ele representa, no plano da exposição, a tentativa de reconstruir essa unidade devassada, esse movimento do Eu em direção a si mesmo e ao mundo, em uma busca interminável por sua essência absoluta, plena, total. Escritura da restauração, consciente de que só pode reivindicar seu eterno vir-a-ser, o fragmento literário partilha com a arte o mistério de uma linguagem que toma o lugar do homem, que se segreda, no centro indevassável da própria linguagem. E é nesse ponto que a *poiesis*, com seu poder criador, ensaia o desvelamento do ser, do mundo e da arte. Todo fragmento é uma escritura a acenar para outra escritura, um projeto estilhaçado de reconstrução.

Tudo é projeto.

Referências bibliográficas

ABRAMS, M. H. *The mirror and the lamp*. Romantic theory and the critical tradition. Londres, Oxford e Nova Iorque, 1953.

ATHENAEUM. *Eine Zeitschrift* (um periódico). v.I, t.I, Berlim, 1978.

ARISTÓTELES. *Poética*. São Paulo: Nova Cultural, 1999. (Os pensadores)

AUERBACH, E. *Introdução aos estudos literários*. São Paulo: Cultrix, 1970.

BARTHES, R. *Crítica e Verdade*. 3.ed. São Paulo: Perspectiva, 1999.

_____. *O grau zero da escritura*. São Paulo: Cultrix, 1971.

_____. *Roland Barthes por Roland Barthes*. São Paulo: Cultrix, 1972.

BENJAMIN, W. *O conceito de crítica de arte no romantismo alemão*. Tradução, prefácio e notas de M. Seligmann-Silva. São Paulo: Iluminuras, 1999.

BOESCH, B. (Org.) *História da literatura alemã*. São Paulo: Herder, 1967.

BOLLE, W. Friedrich Schlegel e a Estética do Fragmento. In: HEISE, E. (Org.). *Fundadores da Modernidade na literatura alemã*. São Paulo: FFLCH-USP, 1994. Artigo integrante dos *Anais da VII Semana de Literatura Alemã* (14 a 17/09/1992).

BORNHEIM, G. Filosofia do romantismo. In: GUINSBURG, J. (Org.). *O romantismo*. São Paulo: Perspectiva, 1978. p.75-111.

164 MÁRCIO SCHEEL

CARPEAUX, O. M. O romantismo. In: *A literatura alemã*. São Paulo: Nova Alexandria, 1994.

CASANOVA, M. A atividade infinita ou da impossibilidade da filosofia em Novalis. In: *Forun Deutsch*. Revista Brasileira de Estudos Germânicos. v.VI. Rio de Janeiro: UFRJ, 2002.

CASTRO, M. A. de C. *Poética e poiesis*. Disponível em: http://www. travessiapoetica.com.br/filosoficos/poeticaepoiesis.htm. Acesso em: 13 jan. 2005.

COSTA LIMA, L. O leitor demanda (d)a literatura. In: *A literatura e o leitor*. Textos de estética da recepção. Rio de Janeiro: Paz e Terra, 1979.

_____. Schlegel: teórico da literatura. In: _____. *Limites da Voz. Montaigne. Schlegel*. Rio de Janeiro: Rocco, 1993. p.192-239.

_____. A raridade do crítico (Introdução). In: WELBERRY, D. *Neorretórica e desconstrução*. Rio de Janeiro: Eduerj, 1998.

_____. João Cabral: poeta crítico. *Intervenções*. São Paulo: Edusp, 2002a.

_____. Poesia e experiência estética. *Intervenções*. São Paulo: Edusp, 2002b.

_____. (Org.) *Teoria da literatura em suas fontes*. 3.ed. v.1 e 2. Rio de Janeiro: Civilização Brasileira, 2002c.

DERRIDA, J. *A farmácia de Platão*. São Paulo: Iluminuras, 1997.

DUFRENNE, M. *O poético*. Porto Alegre: Globo, 1969.

FICHTE, J. G. *A doutrina-da-ciência de 1794 e outros escritos*. Tradução, comentário e notas de Rubens Rodrigues Torres Filho. São Paulo: Abril, 1980.

FRANK, M. *Einführung in die frühromantische Ästhetik*. Vorlesungen. Frankfurt: Suhrkamp, 1989.

FRIEDRICH, H. *Estrutura da lírica moderna*. 2.ed. São Paulo: Livraria Duas Cidades, 1991.

GAGNEBIN, J. M. Sobre um monólogo de Novalis. In: *Cadernos PUC-Filosofia*. São Paulo: Educ/Cortez, s. d.

GUINSBURG, J. (Org.) *O romantismo*. São Paulo: Perspectiva, 1978.

GRASSI, E. *Arte como antiarte*. São Paulo: Duas Cidades, 1975.

HARTMANN, N. *A filosofia do idealismo alemão*. 2.ed. Lisboa: Fundação Calouste Gulbenkian, 1983.

POÉTICA DO ROMANTISMO 165

HEISE, E. (Org.). *Fundadores da modernidade na literatura alemã*. São Paulo: FFLCH/USP, 1994.

_____. Novalis: o mundo romantizado. In: HEISE, E. (Org.) *Fundadores da modernidade na literatura alemã*. São Paulo: FFLCH/USP, 1994. Anais da VII Semana de Literatura Alemã (14 a 17/09/1992).

HEIDEGGER, M. *The origin of the work of art*. Tradução de Albert Hofstadter. Nova Iorque: Harper Colophon Books, 1971.

_____. *A origem da obra de arte*. Belo Horizonte: Kriterion, 1992. v.86. p.114-33

_____. *Sobre a essência da Verdade*. Tradução de Ernildo Stein. São Paulo: Abril Cultural, 1979. p. 127-45 (Os pensadores).

HJELMSLEV, L. T. *Prolegômenos a uma teoria da linguagem"*. 1.ed. São Paulo: Abril Cultural, 1975 (Os pensadores).

JAKBSON, R. *Linguística e comunicação*. São Paulo: Cultrix, 1975.

KANT, I. *Crítica da Razão Pura*. São Paulo: Nova Cultural, 2000.

KESTLER, I. M. F. A autônima estética e o paradigma da Antiguidade clássica no classicismo e na primeira fase do romantismo alemão. In: *Forun Deutsch*. Revista Brasileira de Estudos Germânicos. v.VI. Rio de Janeiro: UFRJ, 2002.

KOHLSCHMIDT, W. O romantismo. In: *História da literatura alemã*. São Paulo: Herder, 1967.

LACOUE-LABARTHE, P., NANCY, J.-L. *L'Absolu Littéraire*. Théorie De La Littérature Du Romantisme Allemand. Paris: Éditions Du Seuil, 1978.

LESSING, G. E. *Laocoonte ou sobre as fronteiras da pintura e da poesia*. Tradução, introdução e notas de Márcio Seligmann-Silva. São Paulo: Iluminuras, 1998.

MAAS, W. P. História como sistema e revelação: A 'História da literatura antiga e moderna' de Friedrich Schlegel. In: *Forun Deutsch*. Revista Brasileira de Estudos Germânicos. v.VII. Rio de Janeiro: UFRJ, 2003.

MERLEAU-PONTY, M. "Textos Escolhidos". 1.ed. São Paulo: Abril Cultural, 1975 (Os pensadores).

MONTAIGNE. *Ensaios*. v.I e II. Tradução de Sérgio Milliet. Consultoria de Marilena de Souza Chauí. São Paulo: Nova Cultural, 2000 (Os pensadores).

166 MÁRCIO SCHEEL

MOSER, W. *Romantisme et crises de la modernité*. Poésie et encyclopédie dans le *Brouillon* de Novalis. Québec: Éditions du Préambule, 1989.

MOURA, M. dos S. O todo e o fragmento: interseções entre o classicismo de Weimar e o romantismo de Jena. In: *Forun Deutsch*. *Revista Brasileira de Estudos Germânicos*. v.VI. Rio de Janeiro: UFRJ, 2002.

NOVALIS. *Werke, Tagebücher, Briefe*. H-J Mähl e R. Samuel (Org.). Munique: Karl Hansen Verlag, 1978.

_____. *Hinos à noite*. Tradução, seleção, introdução e notas de Nilton N. Okamoto e Paulo Allegrini. Mairiporã: A Esfinge Editorial, 1987.

_____. *Pólen*. Fragmentos, diálogos, monólogo. Tradução, apresentação e notas de Rubens Rodrigues Torres Filho. São Paulo: Iluminuras, 2001.

NUNES, B. A visão romântica. In: GUINSBURG, J. (Org.). *O romantismo*. São Paulo: Perspectiva, 1978.

_____. *Passagem para o poético*. Filosofia e poesia em Heidegger. 2.ed. São Paulo: Ática, 1992.

_____. *Crivo de papel*. 2.ed. São Paulo: Ática, 1998.

_____. *Hermenêutica e poesia*. O pensamento poético. Belo Horizonte: Editora UFMG, 1999.

PASCAL. *Pensamentos*. v.XVI. São Paulo: Abril Cultural, 1973 (Os pensadores).

PAZ, O. *Signos em rotação*. 3.ed. São Paulo: Perspectiva, 1996.

PERRONE-MOISÉS, L. *Texto, crítica, escritura*. São Paulo: Ática, 1993.

PLATÃO. *Diálogos*. São Paulo: Nova Cultura, 1999 (Os pensadores).

_____. *A república*. São Paulo: Nova Cultural, 2000 (Os pensadores).

SCHLEGEL, F. *O dialeto dos fragmentos*. Tradução, apresentação e notas de
Márcio Suzuki. São Paulo: Iluminuras, 1997.

SCHILLER, F. *Poesia ingênua e sentimental*. Tradução, apresentação e notas de Márcio Suzuki. São Paulo: Iluminuras, 1991.

SELIGMANN-SILVA, M. *Ler o livro do mundo*. Walter Benjamin: romantismo e crítica poética. São Paulo: Fapesp, Iluminuras, 1999.

_____. Friedrich Schlegel e Novalis: Poesia e Filosofia. In: *O local da diferença*. São Paulo: Editora 34, (no prelo).

POÉTICA DO ROMANTISMO   167

_____. Alegoria, Hieróglifo e Arabesco: Novalis e a poesia como *poiesis*. In: *O local da diferença*. São Paulo: Editora 34, (no prelo)b.

SUZUKI, M. *O gênio romântico*. São Paulo: Fapesp, Iluminuras, 1999.

SZONDI, P. *Poésie et poétique de l'idéalisme allemand*. Paris: Les Éditions de Minuit, 1975.

TODOROV, T. *Gêneros do discurso*. São Paulo: Marins Fontes, 1980.

_____. *Teorias do símbolo*. Campinas: Papirus, 1996.

TORRES FILHO, R. R. *Ensaios de filosofia ilustrada*. São Paulo: Brasiliense, 1987.

WELLEK, R. Os primeiros românticos alemães. In: *História da crítica moderna*. v.2. São Paulo: Herder, Edusp, 1967.

WILHEM, D. *Lês Romantiques Allemands*. Paris: Éditions du Seuil, 1980.

WIMSATT Jr., W. K., BROOKS, C. *Crítica literária*: breve história. Lisboa: Fundação Calouste Gulbenkian, s. d.

SOBRE O LIVRO

Formato: 14 x 21 cm
Mancha: 23,7 x 42,5 paicas
Tipologia: Horley Old Style 10,5/14
Papel: Offset 75 g/m^2 (miolo)
Cartão Supremo 250 g/m^2 (capa)
1ª edição: 2010

EQUIPE DE REALIZAÇÃO

Coordenação Geral
Marcos Keith Takahashi